JN122185

ミンタラ ①

アイヌ民族 27の昔話

北原モコットゥナシ 編著

小笠原小夜 絵

北海道新聞社

ミンタラ❶ アイヌ民族27の昔話 もくじ

第2章　幼い英雄の話

第3章　人の話

第4章　魔物・おばけの話

読者のみなさんへ

この本には、昔話と昔の文化の紹介、今のアイヌ民族の大人に話を聞いたインタビューなどがおさめられています。

みなさんも昔話を知っていると思います。それは本で読みましたか？　それともだれかに話してもらったでしょうか。今から１３００年も前、日本の神話や古い出来事をまとめた本が作られました。それまで、神話や出来事などは、口伝えに語られてきました。同じようにアイヌ民族の昔話も、人から人へ語り伝えられてきたものです。

ただ、昔話はずっと同じものが残るのではなく、その時代ごとの人々の考え方などが込められていきます。桃太郎などの日本の昔話も、時代によって話され方や内容が少しずつ変わってきています。この本で紹介したのは、明治時代から大正、昭和、平成に語られた話です。本に書かれた話、アイヌ語の語りが録音で残っている話などいろいろです。平成に語られたといっても、昔話の中では、１５０年以上前の暮らし、あるいはもっと古い時代の暮らしが描かれ、昔の家や食べ物、仕事、お祭りなどが登場します。それに神様やお化けのこと、昔話を伝えてきた人々が大切にしてきた考え方も出てきます。中

には、私から見て今でも大切な考え方もあり、また新しく変えていいと思う考え方もあります。お話のあとの解説で少し書いておきました。今はあまり見ることのない道具や習慣にも、説明を書きました。

テーマ別の文化の紹介では、古い暮らしや今に続いている暮らし、いろいろなものをとりあげました。歴史はつながっているので、昔と今をはっきり分けるのがむずかしいこともあります。今はなくなったけれども大切に思われている習慣、今でも大切にされている習慣、それぞれ読みながらふれてください。大人のインタビュー「こちらにどうぞ」では、本州や外国、いろいろな地域で生まれ、暮らし、働くアイヌ民族の大人たちにお話を聞きました。女性も男性も、若い人も年配の人も、それぞれの暮らしや思いがあることをこの本で少しでも知ってもらえるとうれしいです。

北海道や東北に暮らしている人は、アイヌ語にふれる場面がよくあります。それは、市町村や山、川などにつけられた名前です。明治時代からは漢字で書かれることが多くなりましたが、これらの地名の多くはアイヌ語です。がんばってアイヌ語に漢字をあてた結果、中には「知らなくては読めない」という地名もうまれました。読み方を知ることで、みなさんの暮らす土地をよく知ることになりますし、昔のアイヌ民族が、その土地をどう利用してきたかということを知ることもできます。クイズにチャレンジしたら、解説も読んでみてください。

この本は、先住民族アイヌとして暮らす二人が「アイヌの見方で、アイヌのことを伝える」ことを目指して作りました。本のもとになったのは、北海道新聞社の子供向け新聞『週刊まなぶん』に連載しているコーナー「ミンタラ」です。２０１６年３月から始まり、これまでに三つのシリーズを終え、２０２１年からは四つ目のシリーズに入っています。伝えたい相手は北海道はもちろん、いろいろな所に暮らす、アイヌの子供たちや和人や外国ルーツの子供たち、そして社会のいろいろな人たちです。この国にはいろいろなルーツを持つ人が暮らしています。それぞれの人がお互いについてよく知ることが、よりよい暮らしを作るために大切です。

みなさんはアイヌについてどんなことを知っていますか。自分もアイヌであるという人もそうでない人も、学校で知ることができる情報はたいへん限られています。「自然とともに暮らす」とか「カムイ（神）とともに暮らす」という言葉をよく耳にしますね。そういうふうにもいえるかもしれません。私は、ご先祖がそういう暮らしをしてきたことに誇りを持っています。けれど、それはアイヌ以外の民族についても言えることではないでしょうか。たとえば和人だって、自然や神を大切にしてきたことには変わりがありませんよね。

そういう暮らしが変わってきたのは、世の中が便利になってきたことと関係しています。人々がいろいろな仕事を分担し、自然と直に接しないで過ごすことも多くなってきました。私たちは毎日、肉や魚や野菜を食べ、木の道具や紙を使います。けれど、この本を読む

みなさんの中には、自分で動物や魚をとったり、切り分けたりしたことがない人も多いのではないでしょうか。自分で木を切り倒したことがある人も、ほとんどいませんよね。私も、私のウタリ（身内、アイヌの仲間）も、ほとんどがそうです。今では自然と直に接するような暮らしは、とても貴重なものだといっていいでしょう。昔の暮らし、今の暮らしを知りながら、それぞれ民族の個性や共通点を知ってもらえるとうれしいです。この本で紹介できるのはほんの少しですが、ぜひじっくり読んでほしいと思います。

人の名前について、作者をはじめ、この本に出てくる人の名前にはアイヌ語が使われていることがあります。名前にかぎらず、アイヌ語を使うことは明治時代からとてもむずかしくなりました。日本語を使わなければならなくなったためです。それでもアイヌ語の名前を使い続けた人もいて、このごろは大人になってからアイヌ語の名前を持つ人も増えてきています。

最後に、この本の中で紹介しているアイヌ語や昔の暮らしには、見なれない道具など、文章を読むだけではわかりにくい物もあります。言葉の発音も、文字だけではわかりませんね。そこで、動画や音声を用意しています。10ページの「さがし方」をみて、絵と音で暮らしのようすや発音にふれてみてください。

それでは、アイヌ民族の昔話の世界へご案内しましょう――。

この本の中身に関連する「動画」を見ることができます

❶ パソコン、スマホで「どうしん電子版」とけんさくし、ページを開きます

❷ パソコンは上のほうの「動画・写真」、スマホはやや下のほうの動画「一覧へ」をクリックすると▼の動画を探すページが出てきます

ここに注目

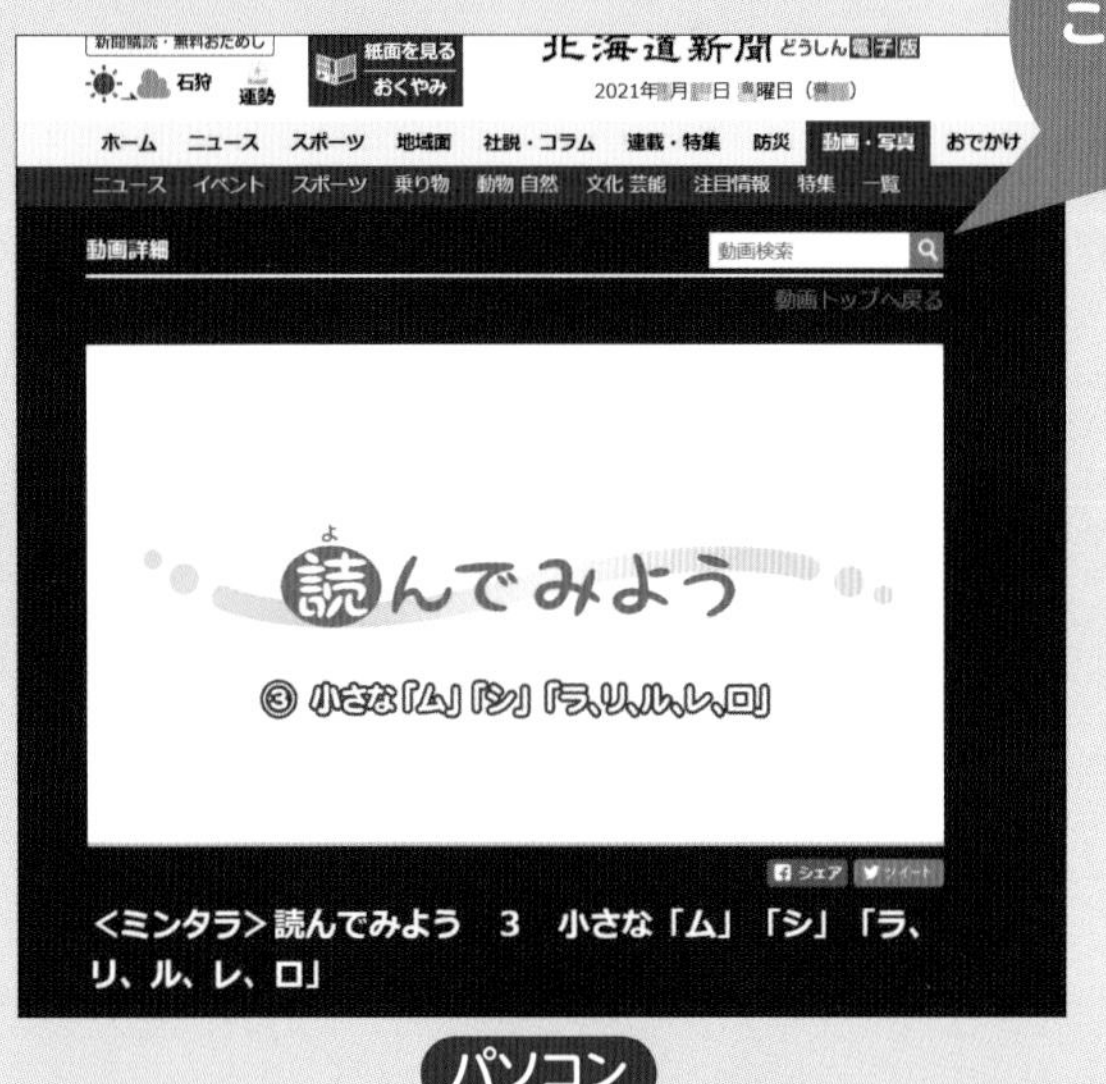

パソコン

ここに注目

スマホ

❸ [動画検索 🔍] ⬅のまどに、見たいページにのっている「キーワード」を入れ、🔍（検索）を押してね

❹ 動画の一覧が出てきます（出てくる動画が一つのこともあります）。見たいものをクリックするとスタートするよ！

★「おはなし」のページ中の「これ知ってる?」は、新聞にのったころは大学生だった「札幌大学ウレシパクラブ」などのみなさんが書いてくれたよ。「こちらにどうぞ」でとうじょうするアイヌの大人の人たちのお仕事も、新聞にのったころのお仕事で、今は変わっていることもあるよ。

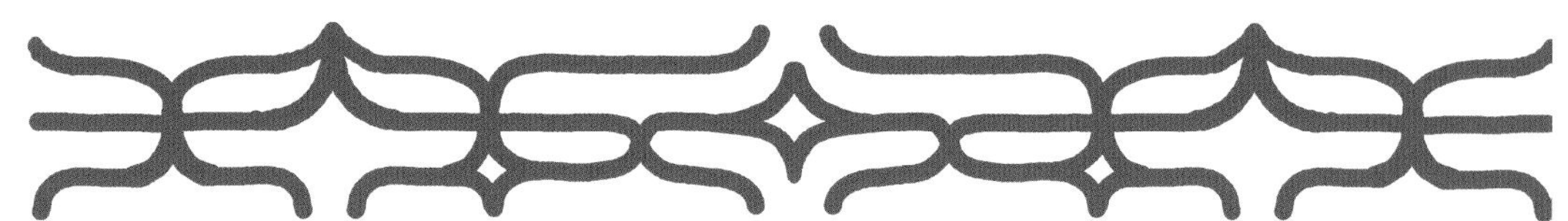

第1章（だいしょう）

神（かみ）の話（はなし）

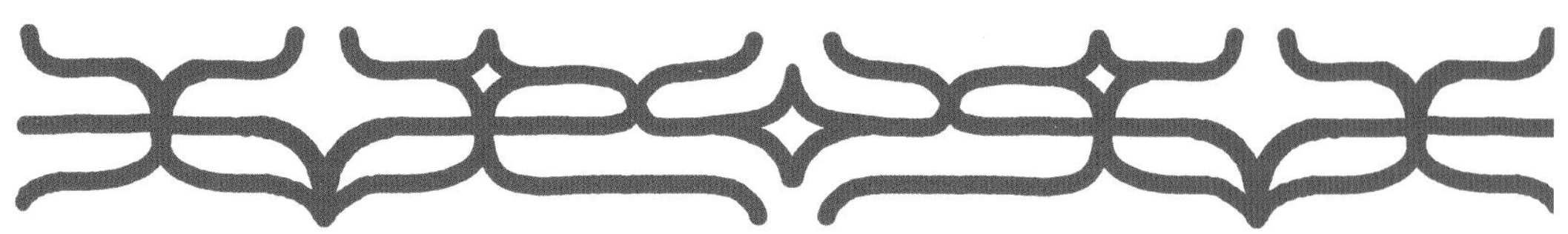

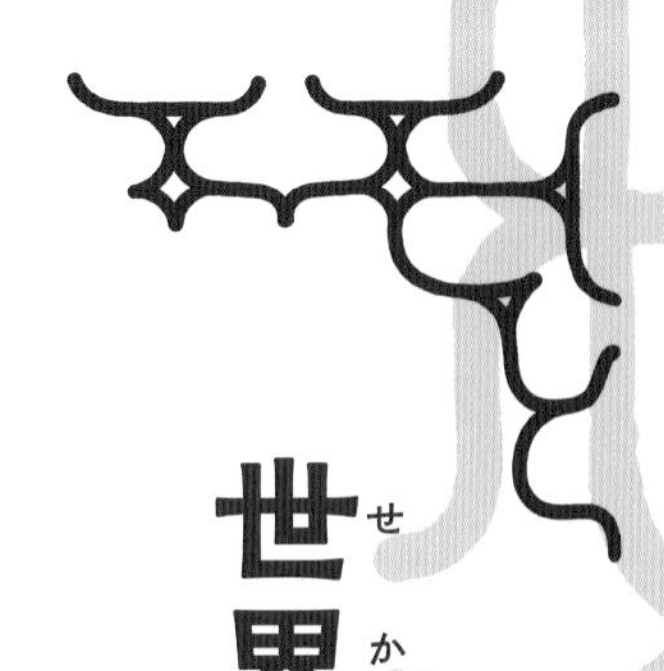

世界の誕生の話

日高管内平取町荷菜の話

（久保寺逸彦「アイヌ叙事詩　神謡聖伝の研究」より）

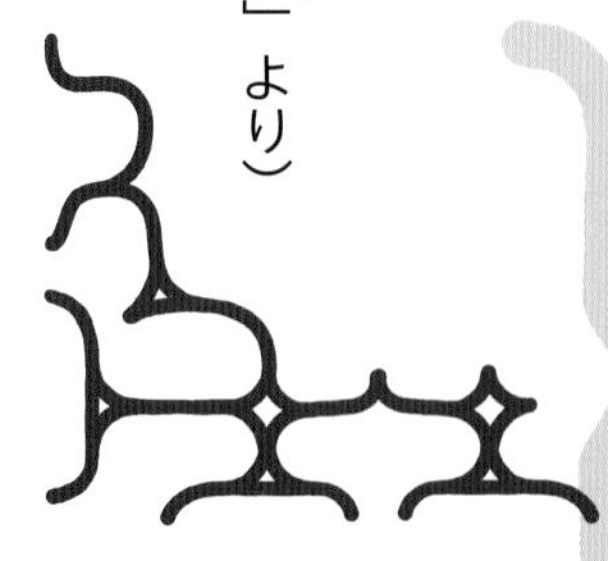

大昔、世界は草も木もなく、生き物もいない、土のかたまりのような所でした。そこに、コタンカㇻカムイというカムイ（神）が天の世界から降りてきて、地上を今の形に作り上げました。世界を作ったコタンカㇻカムイは、一人だったとも男女の神だったともいいます。

　とても大きな体をしたカムイで、木で作ったくわや大きな手足を使って、山や海岸の形を整えました。海岸でひと休みして食事をしている時にしりもちをつき、そのしりのあとが湾になっているという場所もあります。それほど大きな神様だったのです。

大きな体のカムイが世界をいまの形にした

世界の形を作る仕事がひととおり終わると、コタンカㇻカムイは川を流すために足で土をかき、手で土をかいて筋を作りました。そしてそれぞれの川の岸辺やよどみに、ペケㇾカムイ（良い神）とニッネカムイ（悪い神）の住む所を作りました。人間が川で仕事をする時、ペケㇾカムイがいる場所では欲しいものがまるで手の上に降ってくるように何でもうまくいくといいます。ニッネカムイがいる場所では何をしてもうまくいきません。それはコタンカㇻカムイがそういうふうに作ったからなのです。

次にコタンカㇻカムイは、浜と山の間の草原に大きな屋敷を建てました。ふつうの人間が住む家はカヤという草やササ、木の皮などで屋根やかべを作りましたが、コタンカㇻカムイの家は厚くて丈夫な木の板で作られたといいます。板を作るには、大木を切ったり割ったりと、それだけ手間と時間がかかります。さすがに立派なカムイの家は、立派な作りをしているのです。

さて、屋敷ができあがると、コタンカㇻカムイは山や海に住む生き物を生み出すことにしました。屋敷の山に向いたかべには、山に住むいろいろなペケㇾカムイ、ニッネカムイの姿を彫刻しました。海に向いたか

カムイが家のかべにほった海と山の神々

べには、海に住むいろいろなペケㇾカムイ、ニッネカムイの姿を彫刻しました。

ここから山と海のいろいろなカムイが生まれ、世界に広がっていったといいます。つまり、コタンカㇻカムイがほった動物やそのほかのものたちが実際の動物などになったということでしょう。動物のカムイにも良いものと悪いものがいますが、それはコタンカㇻカムイがそういうふうに作ったからなのです。

こうして世界が出来上がると、その次に天から女の墓標（お墓に立てる木）と男の墓標が降りてきました。

女の墓標の木の上の方には、絹の布が結びつけられていました。この布が長い間風にふかれているうちにちぎれて飛び、それがチㇷ゚タチカㇷ゚（クマゲラ）という鳥になりました。チㇷ゚タチカㇷ゚は、丸木舟のほり方を人間に教えたカムイです。墓標の木の部分は、くさりにくく、まよけの力を持つソコニ（エゾニワトコ）という木になりました。

男の墓標につけられていた絹は、海に落ちてメナスキ（ホオジロガモ）という鳥になりました。木の部分はヤㇻペニ（カンボク）になりました。このような由来を持つソコニは病気の治療に、ヤㇻペニは葬式に使われるようになりました。コタンカㇻカムイが使って

平取地方の墓標。丸いのが女性用、とがっているのが男性用

いたくわも、地上に根付いてチキサニ（ハルニレ）になったともいいます。そのほかいろいろな鳥や植物が生まれました。

このようにしてコタンカラカムイが世界と神々を作り、地上にたくさんのカムイが暮らすようになったことが言い伝えとなって、人々に広まったと言われます。

タンペ エエラム アン？

これ知ってる？

クワ（墓標）

墓標（お墓に立てる木）はアイヌ語でクワと言います。墓標といっても、亡くなった人を記憶するためのものではなく、そのたましいを死後の世界へ送り届ける神様で、イルラカムイ「人を運ぶ神」とも呼びます。

丈夫でくさりにくいエゾニワトコやエンジュの木が使われます。クワの形は女性と男性でちがい、地域によっても変わります。白と黒の組みひもが巻き付けられ、上の方に布を結び付けて垂らすこともあります。

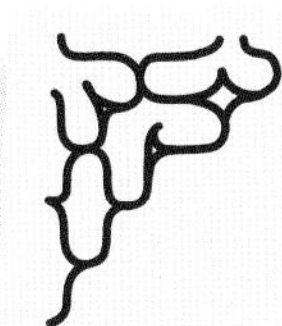

解説

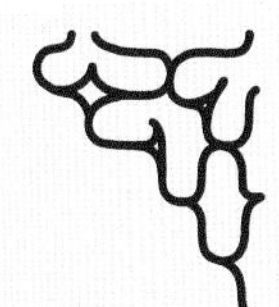

神や巨人　各地に言い伝え

アイヌ民族の物語は、語り方によって英雄詞曲、神謡、散文説話などに分かれます。神謡はメロディーにのせ、サハやサケと呼ばれるくり返しの言葉をはさみながら本文を語ります。今回の話は神謡にあたり「カンヌサカチウレ」という言葉をくり返しながら語ります。

「世界の誕生の話」は、世界がなぜこうなっているのかを教えるものです。コタンカラカムイが悪い神をも生んだという話は、聞く人を「うまくいかないこともあるけれど、良いことだってある」という気持ちにさせてくれます。

世界各地にはさまざまな「世界の誕生の話」がみられ、巨人の体が世界になった話や宇宙が卵から生まれた話、水の底からひろい上げた土が広がって大地が生まれた話などがあります。アイヌの話と似た、巨人が世界を作る話は朝鮮半島や本州などにもみられ、地域の歴史的な交流がうかがえます。

創世神とケソラプ

オホーツク管内美幌町の話（「知里真志保フィールドノート〈5〉」より）

私はエトゥピロマ　キナラトンカ　オヤイチンカラクル（創世神＝世界を作った神）です。ある時こんなうわさが聞こえてきました。私が作ったこのアイヌモシリ（人間の世界）の上手に、いつのころからか、大きな銀のスンク（エゾマツ）が立っているのだとか。そのスンクの上に、レタラ　ケソラプという、美しい斑点模様のついた羽を持つ神の鳥が巣を作って、2羽のポン　ケソラプ（ヒナ）を育てているといいます。

ヒナたちは人の姿をしている時はたいそう美しいむすめなので、あちこちのチャンカムイ（力の弱い神）たちが、結婚したいと思ってスンクのまわりに集まっ

いつの間にか立っていた大きなスンク。カムイたちは上にいる美しい女性に会おうと頑張るが……

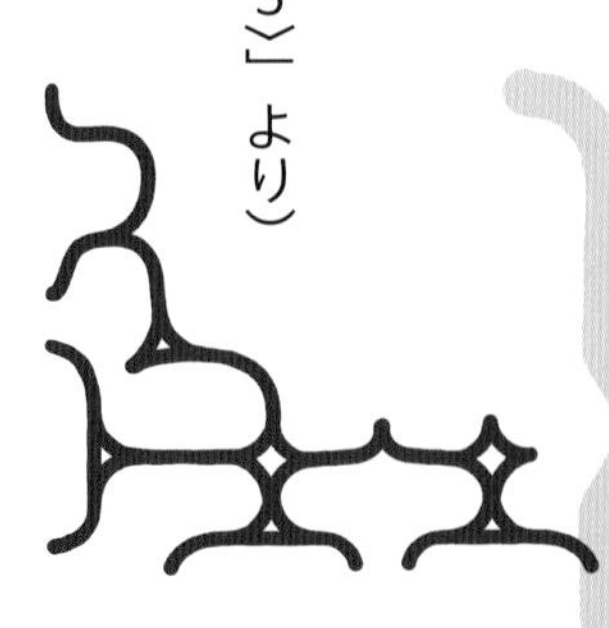

て登り始めたそうです。すると、スンクの上の方から強い風がふき下ろしてきて、最初に登ったチャンカムイは足をふみはずし、まっさかさまに落ちて死んでしまいました。ほかのチャンカムイも挑戦してみますが、やはり同じように落ちてしまいます。あちこちのチャンカムイが次々といどんでいくのですが、登りきる者はだれもいません。このままではアイヌモシㇼを守るカムイたちがいなくなってしまうのではないか、という話でした。

うわさを聞き、海の沖の方からさそいに来たシレプンカムイ

ある日のこと、私がいつものように宝物の刀のさやに彫刻をしていると、沖の方からシレプンカムイ（偉大な海の沖の神）のやってくる音が聞こえました。そして、私のチャシ（城）の屋根に降り立つと、こう言いました。「エトゥピロマ　キナラトンカ　オヤイチンカㇻクㇽよ、あなたが作ったこの世界の上手にレタㇻ　ケソラㇷ゚が陣取って、そのむすめと結婚しようとするカムイたちが挑戦しては、次々と死んでいく。村が途絶えようとしているという話を私は聞いた。かれらに代わって、私がケソラㇷ゚のむすめと結婚しようと海からやってきたのだ。一緒に行って、むすめを手に入れないか」

私はそれを聞きましたが、知らぬふりをしていました。私が返事をしないのでカムイは行ってしまいました。やがて夜6日、昼6日が過ぎたころ、世界の上手からあのカムイが木から落ちて死ぬ音が聞こえてきました。

私は「あのカムイも放っておいたら死んでしまった

ようだ。どれ、行って様子を見るか」とつぶやいて、夜6日、昼6日かけて立ち上がりました。それから夜6日、昼6日かけて着物を着、夜6日、昼6日かけて帯をしました。夜6日、昼6日かけて外に出て、夜6日、昼6日かけて出かけていきました。

見ると、聞いたとおりに銀のスンクが立っています。その下にはたくさんのカムイの白い骨が積み重なっていて、その中にシレプンカムイの骨もありました。私がそれを手でこすると、元の姿にもどって生き返り、座ってねむそうに目をこすりました。ほかのカムイたちもそのように助けてから、私はスンクに登り始めました。すると木の上から突風がふき下ろしてきたので、幹の裏へ表へ回りこんでかわしながら、どんどん登りました。とうとう一番上に着くと、観念したのか巣の中でレタㇻ　ケソラㇷ゚がこう言いました。「偉大なカムイの首領よ、私はあなたの世界にきて子供を持ちました。あちこちのチャンカムイがむすめを欲しがるけれど、満足いく者がいないので息をふきかけて落としてやりました。あなたには私のむすめをあたえるから、姉をシレプンカムイの妻に、妹の方をあなたの妻になさい。私も位のある神だから、ばっするとしても刀ではきらないで」

創世神がなんなく木に登り、ケソラㇷ゚の子をなでると、むすめの姿に

そこで私は、刀をさやのままぬいてそれで強く打つと、ケソラプのたましいがすさまじい音を立てて飛び去りました。残ったヒナを私がさすると若いむすめになったので、上のむすめをシレプンカムイの妻に、下のむすめを私の妻にしました。

タンペ エエラム アン?

これ知ってる?

スンク

エゾマツはアイヌ語でスンクと呼ばれるマツ科の常緑樹で、北海道の木にも指定されています。この木のにおいは病気を追いはらうと考えられ、薬としても使われました。風邪をひいた時には葉をなべでにて、そのしるを衣服につけてかおりを吸いこみます。傷口に松ヤニをぬることもありました。

また、矢のえの部分や、トンコリという楽器にも使えます。木の皮は、屋根やかべをおおう材料として使われ、根は曲げ物(板などを曲げて作った器)をとじ合わせるのに利用されました。

植物にもカムイが宿っているとされ、樺太ではエゾマツは男性、トドマツは女性の神とされてきました。

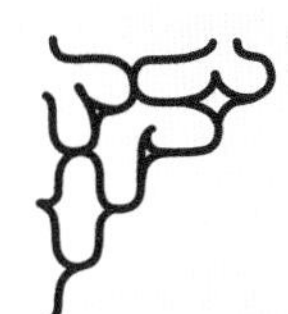

解説

行動が優雅な神ほど立派

このお話はサコラウ(神謡)の一つです。世界を作った、とても長い名前のカムイが主人公です。オアイヌオルシクル(その後ろに人間が続いた者)とも呼ばれ、人間の先祖だと言われています。ほかの地域では、サマイェクルやアイヌラックルと呼ばれる神と同じだとも言われます。

アイヌ民族の物語では、立派な神様ほどゆっくりと優雅に行動することになっています。何をするにも昼6日、夜6日をかける。気が遠くなるほどゆったりした動きですね。しかし、このペースに合わせられずせっかちにふるまってしまうと、「たいしたことのない神」と言われてしまいます。

ケソラプは、伝説上の美しい鳥で位の高い神ですが、このお話の中では神様たちを殺してしまったので、ばつを受けることになりました。しかし刃物できられなければ、もう一度天界に復活できると言われます。

銀の滴降る降るまわりに

登別市幌別の話（知里幸恵「アイヌ神謡集」より）

「銀の滴降る降るまわりに　金の滴降る降るまわりに」と歌いながら、私が飛んでいくと、人間の村にさしかかりました。そこには、昔まずしかったものが今は金持ちになり、昔の金持ちはまずしくなって暮らしています。

見ると、海辺で人間の子供たちが小さな弓矢を持って遊んでいます。子供たちが私を見つけて、「あの神様の鳥をいちばん最初に射落とした者こそ本当の勇者、本当の強者だぞ」と言うと、みんないっせいに、おもちゃだけれど、とてもりっぱな弓と矢で、私を射はじめました。

弓矢で遊ぶ子供たち。シマフクロウを見て、だれが射るか競争に

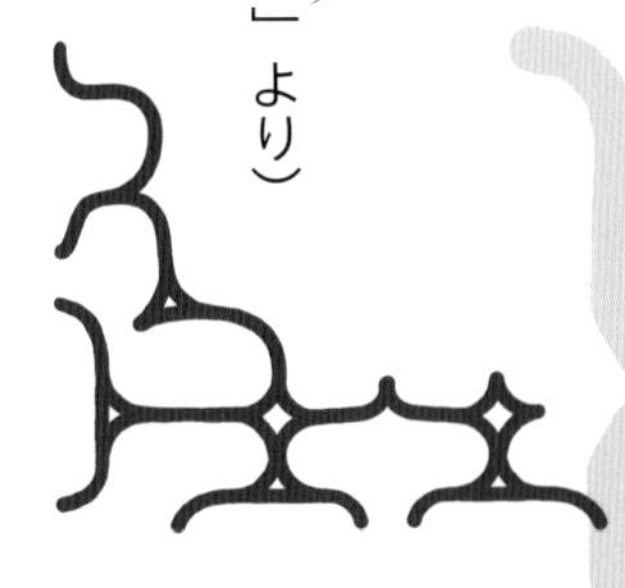

私は、飛んでくる矢を上にかわし、下によけていましたが、その中に一人だけ、まずしい身なりをした子供がまじっていました。見るとその子は、立派な人の子孫らしいまなざしで、そまつな木の弓をかまえて私を射ようとしています。まわりの子は「そんな弓でとれるもんか」と、まずしい子をけったりたたいたりしています。

私はそれを見て、気の毒に思いました。「銀の滴降る降るまわりに　金の滴降る降るまわりに」と歌いながら輪をえがいて飛んでいました。

まずしい子は、片ひざを立て、じっとこらえて私をねらい、ひゅっと矢を射ました。私は手をのばしてその矢を受けとると、くるくるまわりながらおりていきました。子供たちはいっせいにかけよってきて、まずしい子が最初に私をとりました。昔はまずしく今は金持ちの者の子供たちは、まずしい子に追いつくと、たたいたりおしたりしながら「私たちが先にしようとしたのに」と悪口をあびせました。まずしい子は私をかかえてこらえていましたが、すきまから飛びだすと、自分の家へかけていきました。

まずしい子は、神様の窓であるロルンプライから私を中に入れ、家の人にわけを話しました。家の年老いた夫婦は、まずしいけれども品のある立派な人でした。私を見るととてもおどろきましたが、身なりをただして私に礼拝をしました。「昔は紳士の仲間入りをしていましたが、今ではすっかりまず

神聖な窓からシマフクロウを迎えて礼拝をする老夫婦

しくなってしまって、大神様にとまっていただくのもおそれ多いことですが」と言って、何度も礼拝をし、私の体をロルンプライの下に置きました。みながねたあとも、私は自分の体の耳と耳の間に座っていました。

私は夜ふけに起き上がると「銀の滴降る降るまわりに　金の滴降る降るまわりに」と歌いながら、家の中を右へ左へ飛びまわりました。私がはばたくたびに、美しい宝物が美しい音を立てて落ちていきます。そうして、家の中は神の宝物でいっぱいになりました。それだけでなく、家もりっぱなかがやく家に造りかえ、見事な着物を手ばやく作って、家の中をかざりました。それからもとのように耳と耳の間に座り、私が家の人たちの不運をあわれんで富をさずけたことを夢で知らせました。

翌朝、家の人たちは目をさますと、なみだを流してよろこび、何度も礼を言いながら、私を神の国へ送るしたくをはじめました。あの子供は、昔まずしく今は金持ちの者たちをお客によびに行きました。「びんぼう人が何をするやら」とバカにしてやってきましたが、家の中も外も立派になっているのを見て、はずかしがりました。家の老人がおだやかに、しかし堂々と言葉

村人を客にまねく。立派になった家と家族におどろく村人

をかけると、みなうちとけて、いっしょになって私にいのりました。私は安心して神の国に帰り、仲間の神たちをよんで、人間からのおくり物を分け合いながらこのたびのことを語りました。人間たちはその後も幸せに暮らし、私も神の国から人間を守り続けています。

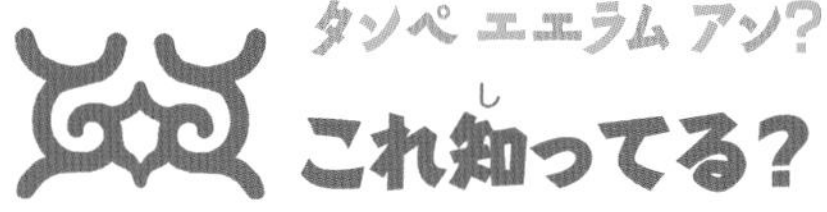

タソペ エエラム アン?

これ知ってる?

カムイチカプカムイ

（シマフクロウ）

コタンコㇿカムイ（国をつかさどる神）とも呼ばれ、人々は村を守ってくれる神として大切にしてきました。つばさを広げると2メートル近くにもなります。ふだんはミズナラやカツラなどの大木に巣を作り、魚や昆虫、エゾモモンガといった小動物も食べます。北海道のシンボルとしても知られますが、森林伐採やそれによるエサの減少で、現在は大雪山系から日高山脈、道東など限られた場所にしか生息しておらず、ほとんど見る機会がない鳥です。

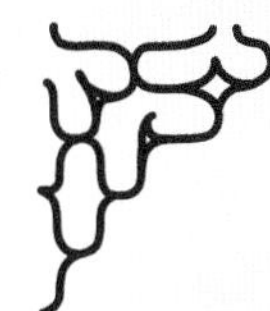

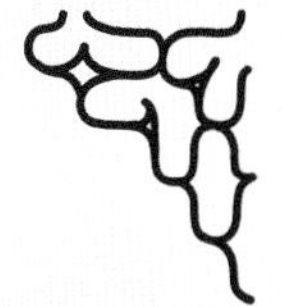

解説

感謝のいのり 神と人つなぐ

この話では「神様を射る」場面があります。これを読んで、不思議に思いましたか。動物は自分の体をあたえることで人間を助けます。本当に死ぬわけではないので、シマフクロウのような立派なカムイ（神様）も矢で射てよいのです。大切なのは感謝をすることです。

さて、シマフクロウに矢が当たったあとも、シマフクロウの語りは続きます。家の人たちもフクロウの前でおいのりをしたり、食べ物をお供えします。このときフクロウのたましいは、体からぬけだして、耳と耳の間に座っているといいます。そして、いろりの火の神や家の神、祭壇の神と楽しくすごし、やがて神様の窓から元の世界へ帰ります。

このお話は、知里幸恵がアイヌ語と日本語で書き残した「神謡」です。短い話ですが、アイヌ文化の要素がつまっていて、まるで教科書のような話です。

山菜の四姉妹

日高管内新ひだか町静内の話

（ポンフチ「ウレシパモシリへの道」）

私は父母と3人で暮らすむすめですが、どうしたわけか父は山へ行っても獲物がなく、母は穀物をまいても収穫がなく、まずしい生活をしていました。私の家の西の方に住む女たちは野草をみな採ってしまって1本も残してくれないうえに、私がまずしいのをばかにしていじわるをしました。

ある日、女たちが「村長のおくさんが亡くなった」と話すのを聞きました。父母にそのことを言うと、「お葬式のための食べ物を送りたいが、うちにはひとにぎりのキトビロ（ギョウジャニンニク）しかないから、これを持っていけ」と言われました。仕方なく行くと、

カムイたちの話から、おくさんの病気のわけを知る

あの女たちが私をこづいて悪口を言います。それを聞いた村長が、女たちをしかって私を家に入れました。私は情けなくて、土間のすみで泣いていました。

するど、カムイ（神様）たちの話す声に気づきました。火の神が、いろりの台木の神にこの家の女主人が急病になったわけを聞くと、台木の神は次々に「私たちにはわかりませんから、ろかぎ（いろりの上にある、なべをかけるかぎ）の神に聞いてみては」と言います。三つのろかぎ姉妹は「私たちはわかりませんので、こわれた薬の小なべの神に聞いてみては」と言いました。そこで火の神が小なべにたずねると、なべの神はこぼしはじめました。

「私はまえは大切に敬われていたんです。なのに、片耳がもげてこわれたために、イヌやネコの食器にされて苦労して……」。そううったえたあとに続けて、「この家のおくさんは野草を根こそぎ採ってまずしい人に分けず、結局くさらせてしまう。そこで地上に食べ物を送る天の女神がおこっておくさんを病気にしたのです」と告げました。

そこまで聞いたとき、自分でも思いがけず口が勝手に動いて「野草を入れるサラニプ（編みぶくろ）をつくりなさい」と女たちに言いました。そしてついてくるように言って、川にそって山おくへ行きました。女たちは途中でつかれはて、私は一人で進みました。すると山おくだというのに見たこともないような美しい家があります。中に入ると、4人の女神が座っていました。

天から降りた、ヒメザゼンソウ、キトビロ、ウバユリ、ヤチブキの女神たち

年上の女神が言いました。「運が悪いためにまずしいむすめよ。私たちは、キトビロ、ウバユリ、ヒメザゼンソウ、ヤチブキ（エゾノリュウキンカ）の神で、春になるとキトビロである私から順に地上に降りて、人々に山菜をもたらすのだ。この山菜は人間ばかりが食べるのでなく、神も食べる。一人じめなどするとばつがあるのだよ」。そう言ったところまで聞いて顔をあげると、今まであった家も女神も消えていました。

私は用意した四つのふくろの一つを持って東に向かい、「キトビロの神に申します。村長の妻が悪い心を持ったとしても、天の神のはからいで地上に降ろされたあなたですから、もう一度お願いします。どうかこのふくろを受け取ってください。地上にキトビロが増えて広がっていきますように」と唱えて、ふくろを投げました。残り三つのふくろも、ウバユリ、ザゼンソウ、ヤチブキの女神にいのりながら西の方や湿地の方へ投げました。

村にもどると、村長のおくさんに新しい着物を着せ、息吹をかけながら、火の神に向かっていのりました。それをくりかえすうちに、おくさんの顔色がだんだん良くなり、ついに目を開けました。家の人々は大喜びで、私にお礼を言いました。

私が帰ると、まもなく村長の使者が6人やって来て、両親と一緒に村長の家に招かれました。私は村長の息子と結婚し、今では幸せに暮らしています。私を

村長のおくさんは元気になった。感謝されたむすめは、村長の息子と幸せに暮らした

いじめた女たちは野草を粗末にしたので、食べ物に不自由し、人をうらやむ暮らしになりました。
どんな物も人間だけにあたえられたのではなく、神々も同じようにそれで生きるのだから、一人でためこんだりしてはいけない。運が悪くまずしい人の悪口を言ってはいけない。心が美しければやがて立派な暮らしができるようになる、というお話です。

タンペ エエラム アン?
これ知ってる?

サラニプ

日本語で編みぶくろと訳される生活用具。外では道具や山菜などを運搬し、家では食料の容器にするなど、さまざまな用途で使われてきました。長いひもでかたにかけたり、額にかけて背負うようにして荷物をはこびます。軽くて持ち運びがしやすく、現在も活躍している道具です。

大きさや形はさまざまで、よく使う材料はシナノキの皮とされますが、オヒョウニレの皮やブドウヅルなども使われます。作り方は、天井からつるして編む方法と、イテセニという編み機を使って編む方法とがあります。

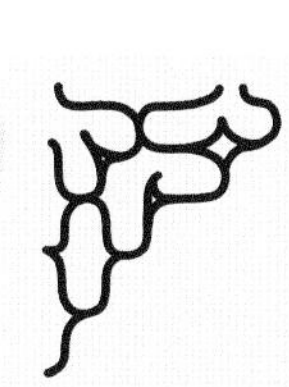

解説

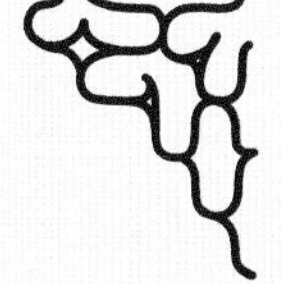

心がけ良い者　カムイが味方

今回は、山菜についての考え方が表れた話をしょうかいしました。よく似た話が、平取町や旭川市にも伝わっています。

主人公は、まずしいけれど心がけの良い少女。反対に、豊かだけれど人の事を考えない人々も登場します。アイヌの物語では、心がけのよい者は必ずカムイが味方して幸せになります。泣いていた少女の耳にカムイの話が聞こえたのも、病気を治せたのも、少女を見守るカムイがそうさせたのです。

少女が会った姉妹は、リクンカント（天）から降りてきた山菜の神でした。真っ先に生えるキトビロ、根からでんぷんを取るウバユリ、あまみのあるヒメザゼンソウ、苦みがおいしいヤチブキと、次々にしゅんをむかえる山菜。これらをほどよく採って、みんなで楽しむ教えがこめられた話です。きっと食品ロスは昔から問題だったのでしょうね。

ききんを救ったアペウチフチ

釧路管内白糠町の話（「四宅ヤエの伝承　韻文編」より）

私はアペウチフチ（火のおばあさん神）です。私の周りにはいつもほのおが飛び散り、ほのおの暖かさが立ち上ります。そうしていつもいつも、針仕事をして暮らしています。ある時、こんな話が聞こえてきました。人間の世界ではききんが起きて食べ物がなくなり、人間たちがうえて死んでいるといいます。人間だけでなく、カムイたちも死んでしまい、黒い鳥も白い鳥もうえてバタバタと死んでしまうといいます。

また、こんな話も聞こえてきました。海のずっと向こうへ行くと、その果ての雲が大地にささっている所に村があり、そこに大きなぬまがあるといいます。ぬ

いつもいつも針仕事にいそしむ火の女神

まの中には頭の大きな魚がたくさんいて、あまりにも多すぎてぬまはいっぱいで身動きができないほど。水面近くにおしあげられた魚は、そのまま身動きができず、日差しに焼かれてかわいてしまうほどだとか。

そこへ近くのカムイ、遠くのカムイがマレク（かぎもり）を持ち、タモあみを持って魚をとりに行く。ところがどうしたことなのか、マレクで魚をついても、ぬまいっぱいにいる魚が1ぴきもかからない。タモあみですくおうとするけれども、なぜか1ぴきもすくうことができないのだといいます。どんなカムイがいどんでもダメだとか。

そのような話を聞きながら、ほのおを飛び散らせ、ほのおを立ち上らせてししゅうをして暮らしていました。ある時、海の沖の向こうの村、雲が大地にささる所の村のカムイが、私に言づてを送ってきました。「アペウチフチよ、あなたは名高いカムイです。そのあなたも人間の世界がききんになっていることをお聞きでしょう。沖の村、雲が大地にささる所の村へおこしになって、頭の大きな魚たちをつかまえてください。どうにかして、この世界に食べ物が行きわたるようにしてください」と言うのでした。

けれども私は立ち上がろうという気になりません。針仕事を続けていると、また沖の村のカムイから言づてが来ました。それも合わせて6回。こうまでたのまれては、やらねばなるまいと思い、ぬいかけたものをしまって立ち上がりました。おくの座に行き、金の箱か

人々を救うため、金のタモあみを持ち、
海の上をわたって沖の村へ

ら、立派な金の小袖（上等な着物）を取り出してはおりました。金のはば広の帯をしめ、かけてあった金のタモあみを手に取りました。そうして、家を出て海に向かいました。私が力を使うと海面がかたいゆかのようになりました。その上をわたって、海の向こう、雲が大地にささる村へ向かいました。

すると、聞いていた通りに大きなぬまがあって、その周りにマレクやタモあみを持ったカムイたちが大勢います。ぬまの中には、頭の大きな魚が身動きもできないほどたくさんいるのですが、なぜか1ぴきも魚がとれません。そこで私は自分のタモあみをぬまに入れてひとすくい。すると、あみからあふれるほどたくさんの魚が入りました。それを北海道の村々に向かってまき散らすと、魚がシカの群れやクマ、ウサギやキツネになって、走りだします。もう一度すくうとまたあふれるほど魚がとれます。それを海に向かってまくと、

女神がすくった魚を陸にばらまくと、たくさんの獲物に変わった

大小のいろいろな魚になって北海道へ向かって泳いでいきました。

私はそれを見てもう安心だと思い、また海原をかたいゆかのようにして家にもどりました。家に入って金のタモあみをかけ、着物をぬいで金の箱にしまいました。そして、またいつものように針仕事を始めると、

沖の村のカムイが、自分の持っている物の中でも一番立派な宝物を送ってくれました。そして「アペウチフチのおかげで、人間たちの世界も食べ物が豊かになりました。お礼に私の一番の宝を差し上げます」と言づてが届きました。そういうことがあって、またいつもの通り暮らしています。

タンペ エエラム アン?
これ知ってる?

ヤ（あみ）

漁ではあみをよく使い、江戸時代の絵にもその様子がえがかれています。材料はオオバイラクサやシナのせんいをより合わせて糸にしたものです。あみを作ったり直したりする「あ針」は、サビタやナナカマドなどのかたい木やクジラの骨などで作りました。

川をさかのぼる魚をとるには、やなという魚の通り道をせまくするしかけを作って魚を待ちぶせし、Y字の木にあみをはったタモあみですくいとります。2そうの丸木舟の間にあみをわたして川を下ってとるというやり方もあります。

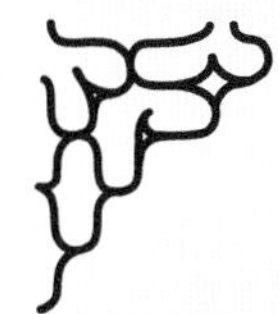

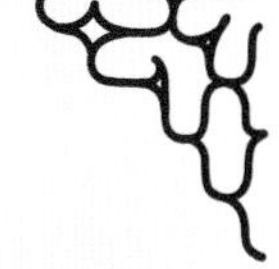

解説

火はとても身近な神

このお話はオイナ（神謡）の一つです。火はとても身近な神で、人々の側に立って他の神々との間を取り持ってくれるといいます。

北海道の東側では、火を夫婦の神と考えてきました。他の地域では火をおばあさんだとし、日高では金の着物を着ているといいます。ロシア・アムール川流域に暮らすナーナイという民族では、火の神は赤い服を着たおばあさんだと言われています。これは日高でのイメージと似ていますね。

さて、このお話では女神が活躍します。女神に知らせを送ってきた沖の村を守る神は、どのような神なのかはっきりしません。

アイヌの昔話の中では、水平線に向かってずっと行くと、雲が地面から出入りしている所があります。ここが地の果てで、ここで空と地面がつながるのです。そこにある村というのですから、大変遠い所ですね。

金のカエル・銀のカエル

胆振管内白老町の話（「森竹竹市遺稿　ウェペケル」より）

私はクマの神を束ねる者。神の世界で、いつも仲間たちのまとめ役をしています。仲間たちは、ときどきクマの姿になって人間のところへ行きます。そこで、人間に肉や毛皮をわたし、代わりにイナウや酒やごちそうなどを、たくさんもらってもどってきます。人間のところから帰ってきた者があると、ほかの仲間を集めておみやげを分けあい、宴会を開くのが常でした。

ある時、宴会を開いているところで、仲間のクマがこのようなことを言っているのが聞こえました。

「私は、今回はウラシペッ村の長者のところへ行ってきた。ウラシペッ村の長者は聞いていた通りの立派

クマ神の間に流れる不思議なうわさ。
ウラシペッ村の長者はすごい人間だとか……

な人間で、見事な儀式で私を祭ってくれた。ただ不思議だったのは、人間たちが集まっておどっている中に、赤いはげ頭の男が混じっていた。その男は飛びぬけておどりがうまくて、一際目立っているのだ。どこの人間だろうと思ってよく見ようと思ったのだが、おどりが終わるといつの間にかいなくなってしまった。ところが、おどりが始まると、またいつの間にかあの男が加わっているのだ。そうかと思えば、どこかから見事な声でユカラを語るのが聞こえてきた」

「金の声でユカラを語り、ほかのだれかが銀の声で合いの手を入れる。とても見事で思わず聞き入ったが、語り手を見つけようと思っても、どうしても見つけられなかった」というのです。すると、ほかのクマ神たちも口々に「そうだ！　自分もそうだった！」と言い、そして「人間の中にも不思議な力を持った者がいるものだ」としきりに感心しています。私は、酒が入っていたこともあって、つい言ってしまいました。「しょせんは人間のすることだろう。神ともあろうものが、それを見破れないとは情けないんじゃないか」

すると仲間のクマ神たちはこう言いはじめました。

「それでは、ぜひウラシペッ村に行って、この不思議を解き明かしてください。見事解ければこれまで通り、あなたを尊敬しましょう。もし解けなければ、クマ神の中でも一番下っぱの神になってもらい

不用意な言葉で仲間のクマ神をおこらせてしまい、なぞ解きをすることに

ますよ」

私は、自分では人間の世界に行ったことがありませんでしたが、こうなっては行くしかありません。クマの姿になって、狩りをしているウラㇱペッ村の長者の前に出て行き、長者の矢を受けました。長者の家に着くと、私を祭るための儀式が始まりました。人間たちが大勢集まり、おいのりやおどりを始めました。

聞いていた通り、はげ頭の赤い男が現れました。どこに行くのか見のがすまいと目をこらしていましたが、おどりが終わるともう見えません。また、金のユカㇻに、銀の合いの手が聞こえてきました。とてもいい声なのに、どこで語っているのかわかりません。そのうち語り手と合いの手が交代しても、やはりどこにいるのかわかりません。その間にも祭りはどんどん進み、とうとう終わりの時間になりました。

私はイナウでかざられて外の祭壇に案内され、最後のいのりも終わってしまいました。人間たちはもどっていきましたが、私は帰るわけにもいかず、そこに立っていました。すると、それに気づいた火の神が窓から出てきました。私が事情を話すと、火の神は笑って、「赤い男の正体は、長者が山で使う銅のなべ。里にいる時は退屈だから、おどりがあれば加わるのです。

聞いた通りの不思議な体験。火の神のおかげでピンチを切りぬけた

ユカラを語るのは、水の神が長者の妻にさずけた金と銀のカエルですよ。宝の山の一番下に、箱に入れて大切にしまってあるのだけれど、祭りの雰囲気につられてユカラを始めるのです」と教えてくれました。こうして私は火の神のおかげでピンチを切りぬけたのです。

と、クマの頭目が語りました。

タソペ エエラム アン?

これ知ってる?

メトトゥシカムイ

クマやキツネ、カラスなど動物はたくさんいて、それぞれが神様です。カラスにはカラスの、キツネにはキツネのリーダーがいて、仲間たちをまとめています。サケのむれや、草木にもリーダーがいます。

クマのリーダーはメトトゥシカムイ(山おくにいる神)などと呼ばれ、とても敬われています。この神によって、どの動物がだれにとられるか、ということが決まるので、人間にとっても大切な神様です。今回の話は、その立派な神がうっかり失敗をしてしまうところに、おかしみがあるのですね。

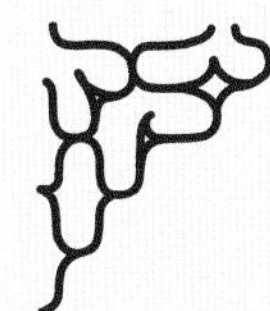

解説

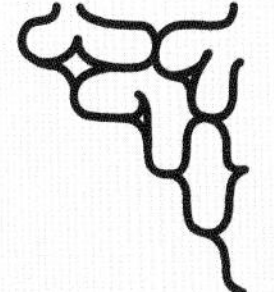

動物は食べ物くれる神様

このお話は白老町に暮らしたアイヌの男性が書き残したものです。話の中では、クマたちは人間にしとめられた後も、あれこれ考えたり仲間と話をしたりする様子がえがかれています。

アイヌ民族の考え方では、体が死んだ後も、たましいは消えずに残ります。体はたましいが一時宿るもので、だから人間に与えることもできます。体からはなれたたましいは、目には見えませんが、ずっと残っています。イナウやごちそうなど人間からのお礼を持って神の世界に帰ります。

このように、動物などのたましいを元の世界へ送り出すおいのりをイヨマンテ「霊送り」と言います。動物を神様にささげる(いけにえにする)のではなく、動物が神様なのです。「神様を食べていいのですか」と質問されることもありますが、食べ物をくれるから神様なのだ、ともいえるでしょう。

昔ばなし

アイヌ民族には多くの昔話があり、語られるようすを見た人が、また語って受け継いできました（口承文芸）。歌うようだったり棒でリズムを取ったり、話し方はさまざまです。

魅力的なキャラクターも多くいます。

まずは動物や植物、火や水、雪などのカムイ（神）たち。動植物などの姿は人前にいるときだけで、本当は人間と同じ姿だと考えられてきました。人の姿のときも、どこかそのカムイらしさを感じさせます。クマのカムイは黒の着物、オオカミは銀の着物です。トリカブトの女神の着物には、トリカブトの模様がししゅうされています。

動植物の姿のまま、人に話しかけることもあります。鳥のなき声や、木の枝同士が風でぶつかるサワサワとした音が、人の言葉のように聞こえ、大切なことを教えてくれるのです。

カムイたちは世界や人を助けて活躍しますが、シマフクロウやクマなどえらいカムイが大失敗する話もあります。おちゃめな一面もまた魅力です。

いつも人の姿のまま、変身しないカムイもいます。世界を作ったカムイはとても大きく、足あととされる大きな穴や、残していった道具が岩になったという場所があちこちにあります。

パナウンペ・ペナウンペという兄弟もぜひ知ってください。片方が成功してお金持ちになり、もう片方がマネして失敗をするコミカルな話が多くあります。似た話はアジアの他の民族にもあり、日本の正直じいさんとイジワルじいさんもよく似た話です。

ほかにも、樺太や北海道で話されてきたカムイの女性と結婚する話は、アイルランドの「アザラシ女房」や日

世界をつくったカムイ。
その大きさは海のふかいところに立っても、ふとももまでしかぬれないくらい。
土を盛りけずって、まるで庭をつくるように世界を作った

動物のカムイ。
かわいい小鳥や、勇ましいオオカミ、
うっかり者のタヌキなどいろいろ。
シマフクロウが
貧しい子を助けた話が有名

パナウンペはみんなに親切にし、
宝物を手に入れた。ねたんでま
ねしたペナウンペはひどい目に

植物のカムイ。植物は
役に立つことを願ってい
森で歌ったり、人の
姿になって
「食べられるよ?」と
伝えにきたり

人を食べたりのろったりするおばけ。
でも人助けをするやさしいおばけもいます

道具だって生きている。
たいくつしていたなべのカムイが、
祭りの輪に混ざっておどる話も

本の「羽衣」とよく似ています。楽しいお話は人から人へ、国や民族をこえて広まってきたのですね。

《関連動画を見つける「キーワード」》

ミンタラ　昔ばなし

探し方は 10 ページを見てね

北海道とその周辺の地名の多くは、アイヌ語が基になったものがたくさんあるよ。あなたはいくつ読めるかな？

1. **稚内**市
2. 稚内市**声問**
3. 稚内市宗谷村**増幌**
4. 宗谷管内中頓別町**松音知**
5. 宗谷管内中頓別町**敏音知**
6. 旭川市**近文**
7. **富良野**市
8. 上川管内**剣淵**町
9. 上川管内剣淵町の**美羽烏**
10. 上川管内**音威子府**村
11. 紋別市**渚滑**町
12. 網走市豊郷の**勇仁**川
13. オホーツク管内**興部**町
14. オホーツク管内**遠軽**町
15. オホーツク管内大空町**女満別**
16. オホーツク管内斜里町**朱円**
17. **釧路**市
18. 釧路市**大楽毛**

---

19. 釧路管内釧路町仙鳳趾村**分遣瀬**
20. 釧路管内釧路町昆布森村**来止臥**
21. 釧路管内釧路町仙鳳趾村**重蘭窮**
22. 釧路管内釧路町仙鳳趾村**知方学**
23. 釧路管内厚岸町**奔渡**町
24. 釧路管内厚岸町**別寒辺牛**
25. 釧路管内白糠町**和天別**
26. 釧路市音別町**馬主来**
27. 釧路管内鶴居村**茂雪裡**
28. 根室管内羅臼町麻布町の**於尋麻布**漁港
29. **帯広**市
30. 帯広市の**幸震**
31. 十勝管内幕別町の**白人**
32. 十勝管内本別町の**嫌侶**、十勝管内浦幌町**貴老路**

---

33. 十勝管内豊頃町**安骨**
34. 十勝管内広尾町**楽古**
35. 十勝管内大樹町の**歴舟**
36. 十勝管内陸別町の**斗満**川
37. 日高管内の**襟裳**
38. **温禰古丹**島
39. **宇志知**島
40. **幌筵**島
41. 樺太元泊郡帆寄村**突岨**山

つづきは104ページ

地名の意味にはいろいろな説があり、ここでは『北海道の地名』『アイヌ語地名の研究』（山田秀三著、草風館）を参考にしています。

（行政上の地名としては、使われなくなったものも含みます）

41
サハリン
（樺太）
北海道
千島列島
1
2
3
4
5
10
13
11
8
9
14
15
12
16
28
6
36
27
24
7
32
32
26
25
18
17
20
19
21
22
23
29
31
30
33
40
35
34
38
37
39

地名クイズの答え -1-

❶ **わっかない（ヤムワッカナイ）** ヤム「冷たい」・ワッカ「水」・ナイ「沢」。ヤムが省略されていまの形になった。

❷ **こえとい（コイトゥイエ）** コイ「波」・トゥイエ「を切る」。波が河口の砂浜を切りくずすことから。

❸ **ますほろ（マシュポポイ）** マシ「カモメ」・ウポポ「おどる」・イ「ところ」。

❹ **まつねしり（マッネシリ）** マッネ「女である」・シリ「山」。

❺ **ぴんねしり（ピンネシリ）** ピンネ「男である」・シリ「山」。❹と❺の山は夫婦。このような夫婦の山が、釧路地方や後志地方などにもある。

❻ **ちかぶみ（チカプニ）** チカプ「鳥」・ウン「いる」・イ「ところ」。鳥が多く生息することから。

❼ **ふらの** フラヌイにあて字した。フラ「におい」・ヌ「もつ」・イ「川」。富良野川から来ている地名。上流から流れ込む硫黄で、川の水にも色とにおいがついた。

❽ **けんぶち（ケネペッ（ケネペップト（?・））** ケネ「ハンノキ」・ペッ「川」。ハンノキがたくさん生えていることから名づけられた。ケネペップト「剣淵川の河口」がなまったとする考え方もある。

❾ **びばからす（ピパカルシ）** ピパ「カワシンジュガイ」・カラ「採る」・ウシ「場所」。

❿ **おといねっぷ（オトイネプ）** オ「川尻」・トイネ「にごる」・プ「もの＝川」。河口がにごりやすい川。こういう所にはイトウがいるという。

⓫ **しょこつ（ソコッ）** ソ「滝」・コッ「くぼみ」。滝つぼの下がくぼみになった場所。

⓬ **いちゃに（イチャヌニ）** イチャン「サケ・マスの産卵場」・ウン「ある」・イ「ところ」。

⓭ **おこっぺ（オウコッペ）** オ「川尻」・ウコッ「つながる」・ペ「もの＝川」。

⓮ **えんがる（インカルシ）** インカラ「見わたす」・ウシ「ところ」。大きな岩の上が見張り台の役割を果たしてきた。

⓯ **めまんべつ** メム「わき水」・アン「ある」・ペッ「川」。

⓰ **しゅえん（スマトゥカリ）** スマ「奥」・トゥカリ「通る」。石の多い海岸の手前を流れている川。漢字を当てたため読みちがえられた。

⓱ **くしろ（クシル）** クシ「通る」・ル「道」。元はチクシルだったという説、温泉が流れこむのでクスリ「薬」と名付けたという説などもある。

⓲ **おたのしけ（オタノシキ）** オタ「砂浜」・ノシキ「中央」。砂浜が続く所の真ん中。

⓳ **わかちゃらせ（ワッカチャラセ）** ワッカ「水」・チャラセ「すべり落ちる」。水が流れ落ちる小さな谷。

⓴ **きとうし** キト「ギョウジャニンニク」・ウシ「ある場所」。

㉑ **ちぷらんけうし（チプランケウシ）** チプ「船」・ランケ「下ろす」・ウシ「ところ」。

㉒ **ちっぽまない（チポマナイ）** チプ「船」・オマ「入る」・ナイ「沢」。「ちほまない」などとも読む。

㉓ **ぽんと** ポン「小さい」・ト「みずうみ」。

㉔ **べかんべうし** ペカンペ「ヒシ」・ウシ「ある場所」。

㉕ **わてんべつ（ウアッテペッ）** ウアッテ「多い」・ペッ「川」。支流が多い川。明治時代には「割手別」とも書かれた。

㉖ **ぱしくる** パシクル「カラス」。沖で霧に閉じ込められた漁師がカラスの声を頼りに帰り着いたことから。

㉗ **もせつり（モセッチリ）** モ「小さい」・セッ「巣」・チリ「鳥」。鳥の巣があったことに由来する川の名。本流に対し支流にはモがつく。

㉘ **おたずねまっぷ（オタッニオマプ）** オ「川尻」・タッニ「樺の木」・オマ「～にある」・プ「もの＝川」。河口に樺が生えている川。

㉙ **おびひろ（オペレペレケプ）** オ「しり」・ペレペレケ「さけた」・プ「もの＝川」。川のしり（河口）近くがいくつもの細い川に分かれていることから。

㉚ **さつない（サッナイ）** サッ「かわく」・ナイ「沢」。雨の少ない時期には細くなり、ひあがりもする川。「こうしん」と読みちがえられ、さらに福井県からの移住者が多かったために「幸福」に変わったとされる。

㉛ **ちろっと** チリ「鳥」・オッ「群れる」・ト「湖」。

㉜ **きろろ** キロル「山道」。

㉝ **あんこつ（チャシコッ）** チャシ「城・とりで」・コッ「跡」で、チャシがあった跡地。漢字を当てたため読みちがえられた。

㉞ **らっこ** むかしラッコが回遊してきたことによる。今では日本中で知られている言葉も、もとはアイヌ語。

㉟ **れきふね（ペルプネイ）** ペ「水」・ルプネ「多くなる」・イ「川」で、増水しやすい川を意味した。漢字で当て字をしたために読みちがえられ、今の読みになった。

㊱ **とまむ** トマム「湿地」。湿地を表すトマムが、そこを流れる川の名前としても使われてきた。

㊲ **えりも** エンルム「みさき」。えりも町にある。

㊳ **オンネコタン（オネコタンとも）** オンネ「年をとった、大きい」・コタン「村」。昔はヌサモシリ「祭壇の島」ともよばれていた。

㊴ **ウシシル** この島は昔はなかったが、「カンナカムイ「雷神」が作って天から降ろした」といわれている。そのため別名カムイカラモシリ「神が作った島」という。

㊵ **パラムシル（ポロモシリ）** ポロ「大きい」・モシリ「島」。

㊶ **とっそ** トゥフソ（あの世に通じる穴）。

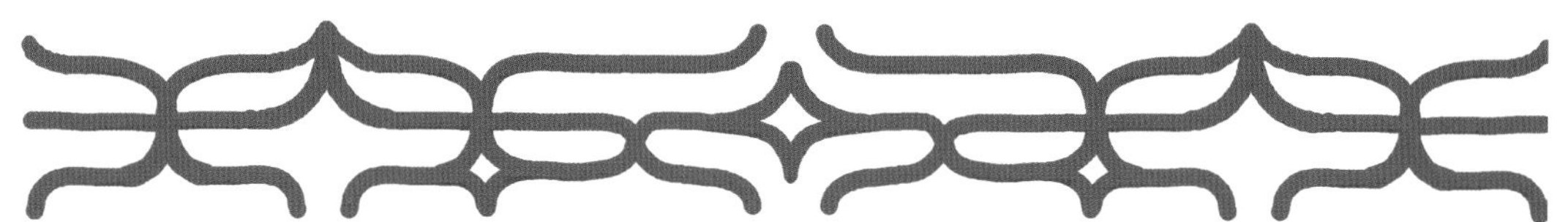

第2章

幼い英雄の話

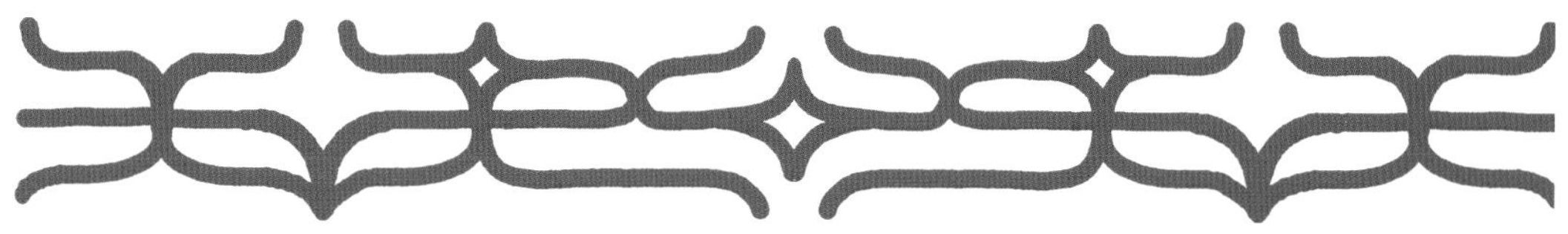

ポンオイナ（小伝）

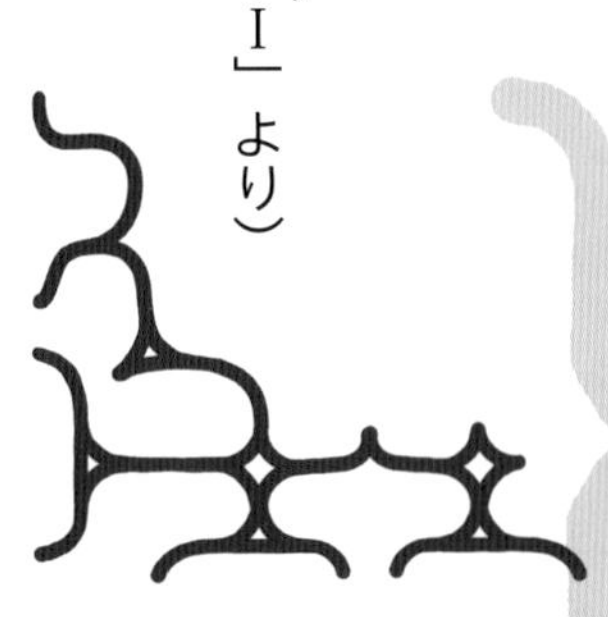

登別市の話（金田一京助「ユーカラ集Ⅰ」より）

私はコタンコロカムイ（シマフクロウの神）の妹で、兄と姉に大切に育てられました。ポロシルンカムイ（幌尻岳を守る神）とは、いいなずけの仲にあり、いずれ結婚することになっていました。そろそろ結婚するころ、兄は神通力で私の家を造ってくれました。

ある日、家にいると、楽しげな話し声が聞こえてきます。兄の家に行ってみると、かすみにつつまれたアンロルンカムイという神が、遊びに来ていたのでした。兄は喜んで、お酒を造って客神をもてなしました。客神は兄に向かって「私からも妹君にさかずきをすすめて良いでしょうか」とたずねました。兄は「ぜひに」

コタンコロカムイを訪ねたアンロルンカムイ

と答えたので、私は客神からさかずきを受けました。

そのとき、幌尻岳の方からとてつもなく大きな音がして飛んでくる者があります。ポロシルンカムイでした。兄は新しいお酒を入れたはちを用意して「さあ、おまえの家でもてなしなさい」と言いました。

そこでポロシルンカムイを私の家に招き、さかずきにイクパスイ（おいのりの道具）をそえてお酒を注ぎました。ところが、ポロシルンカムイはいきなりさかずきを投げつけたかと思うと、「あの男と浮気をしたのだろう」と言いながら大暴れし、私は大けがをして気を失ってしまいました。

だれかの歌う声が聞こえ、気がつくと自分のねどこにいました。あれほど切りさかれた着物は新しくなっていて、傷だらけだった体もすっかり治っていました。私が死ぬほどの傷を負ったのを、客神のアンロルンカムイが治してくれたのでした。かすみの中の姿は例えようもないほど美しい少年でした。

アンロルンカムイは「私が来たばかりにあなたをむごい目にあわせた。私もポロシルンカムイから戦いをいどまれた。もう生きて会うことはできないだろう」と去ろうとしました。私は「私のためにそんな恐ろしい戦いに行くなんて、あなたが死ねば私も死にます」と言いました。アンロルンカムイは私をだきしめ「そのように言って下さるか」と額にキスをしました。

「私にひどいことをしたポロシルンカムイがあなたと戦うなら、私も一緒に行きます」と言うと、アンロ

ポロシルンカムイの怒りを買い、天界と地の底の世界で戦うアンロルンカムイ

ルンカムイは私をなではじめました。気づくと、私の姿は刀のかざりくぎに変わっていました。かれは私を刀のえにはめこみ、空に飛び上がりました。

いくつもの天をくぐりぬけ、やがて神々の世界のとびらへ着きました。とびらを守る神々は「あの恐ろしいポロシルンカムイと戦おうとは、命知らずな」とあざけりました。

アンロルンカムイは、門番をなぎはらい、天界に飛び出ました。天界の神々は、ポロシルンカムイに命じられてアンロルンカムイをむかえうち、刀ややりを持ってせめます。それを大勢の神々が見物し、はやしたてます。アンロルンカムイは、それをものともせず天界の神々をあらかたたおしてしまいました。あわてたポロシルンカムイは、まぼろしで分身を作り、自分は地の底にある死の世界へにげました。残された天の神々はアンロルンカムイに謝りました。

アンロルンカムイは地の底の世界へ向かいました。たくさんの墓がありました。見ると墓の中から、かみをふり乱し、どろだらけの顔で、ボロボロの着物をぶら下げたニッネカムイという者たちが立ち上がると、毒のしたたるやりや弓矢、刃をふりまわしおそってきます。アンロルンカムイはおそれずに戦いをいどみましたが、毒の臭気におそわれながら激しく戦ううち、私は失神してしまいました。

気づくと、戦いは終わり傷ついたアンロルンカムイが刀をつえに山を登っていました。家にもどり、傷を治

戦いを終えたアンロルンカムイは酒宴を開いた

すと、酒宴を開いて神々を招きました。その中にはポロシルンカムイもいて、アンロルンカムイは神々の前でポロシルンカムイのひどい行いを述べ、地獄に落としました。幌尻岳には新しい神が来ることになり、私はアンロルンカムイと幸せに暮らしました。

タソペ エエラム アン?

これ知ってる?

パケシ

神様にお供えしたお神酒は神様が受け取ったことになります。このお酒はパケシといって、「神様が飲んだ残り」といわれます。これを飲むことは、神様と同じお酒を分け合うことで、大切にされます。自分で飲んでも良いですし、他の人にあげるととても喜ばれます。

男性が女性にパケシをわたすのは、夫婦やごく親しい間柄でのこと。この話では、アンロルンカムイが主人公にパケシをわたしたため、いいなずけである幌尻岳の神がやきもちをやいてしまったのですね。

もらったお酒はその場で飲んでも良いですし、持ち帰って自分の家で飲むこともあります。

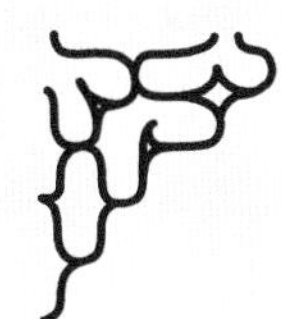
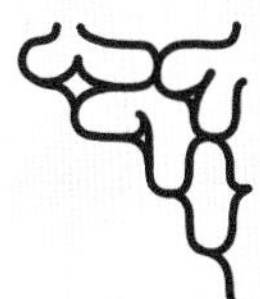

解説

偉大な神の短気

コタンコロユピ、コタンコロサポ、カムイチレス、シサクチレス、イエカラカラワ(郷神なる兄と姉が、私を大切に育てていて)

これは、このお話の最初の5行です。金成イメカヌ(マツ)という、キリスト教を学んだアイヌの女性が自ら書き残したもので、元の文は6964行もあります。大変に長いうえ、とても美しい文章です。今回はこの長い話を短くまとめてしょうかいしました。

アンロルンカムイと名乗っていたのは、実は英雄のアイヌラックル。主人公のいいなずけになっていた幌尻岳の神は、北海道の十勝地方などではとても大切な神様とされていますが、この話では敵役となっています。自分のいいなずけと仲良くしたことにやきもちをやいて、めちゃめちゃな暴れ方をしたり他の神をけしかけて殺そうとしますが、最後はばつを受けました。

二つの糸玉

日高管内平取町紫雲古津の話

（金田一京助「アイヌの神典」より）

天の世界の低いところをつかさどる神様に一人の妹がいました。その妹神は、やがて高い天をつかさどる神と結婚することになっていました。ところがある時、兄神のほかに男の人と会ったこともないのに、なぜかおなかに赤ちゃんがいることに気づきました。兄神は「えらい神にとつぐ身でありながら、なんということか。だれの子供だ！」とカンカンにおこって、話も聞いてくれません。とうとう妹神は、地上に追放されてしまいました。

妹神は仕方なく草ぶきの小屋を建てて、一人で赤ちゃんを産むことにしました。ところが、生まれたの

低い天の女神が産んだのは、二つの糸玉だった

はなんと二つのカタㇰ（糸玉）でした。糸玉とはいえ、自分の体から産み落としたものがかわいくて捨てることもできず、美しい布をかけて大切にしていました。

ある日、山菜をとって帰ってくると、元気な子供の声がします。小屋では見たことのない、かがやくようにかわいい二人の男の子が、かけまわって遊んでいます。不思議なことに、二つの糸玉が男の子に変わって遊んでいたのです。糸玉でさえあんなにかわいかったのですから、妹神の喜びようは大変なものでした。

男の子たちは少し大きくなると、大変な力もちになりました。子供だけで狩りに出かけて行っては、素手でシカやクマをとってしまいます。毛皮のはぎかたを教える人もいないので、力まかせに皮ごと肉をむしりとって、そのままかぶりついていました。海の動物も手でとって、ちぎって、にて食べていました。

あるとき、半分人間半分神様のアイヌラックㇽが男の子たちを見かけました。アイヌラックㇽは「あんな小さな子供が、クマやシカを手でとって食べているとは、なんということだろう」とびっくりしました。小さな子供に見えるけれども、ただの子供ではなさそうだと思ったアイヌラックㇽは、子供たちに「おまえたちはだれの子供でそんなに力があるのか、ひとつ勝負をしよう。私が木を背にして立つから、刀で6回切ってごらん」と言いました。

糸玉が変身した男の子たちは、クマを素手でたおすほどの力もち

子供たちが刀でアイヌラックㇽを切ってみると、す

ぐに傷がふさがってなんともなっていません。「さあ交代だ、木の下に立ちなさい」と言って、アイヌラックルが二人を切ると、やはり傷がふさがってしまいます。きりがないので、アイヌラックルは勝負をやめて帰りました。

アイヌラックルは家に帰って、子供たちの素性をよく確かめました。すると、なんと子供たちの父親は太陽の神様であることがわかりました。

太陽の神様が、あるとき、低い天の妹神に見とれたことがありました。神様の力はすごいもので、その思いの力だけで赤ちゃんができたのでした。それを知ったアイヌラックルは、おどろきながらも、二人の子がとても強いことに納得しました。

そこで、アイヌラックルは子供たちと兄弟になることにし、ふたたび訪ねて行って二人に言いました。「おまえたちは太陽の神の子なんだよ。それだもの力が強く、おまけにそんなに美しいはずだ。動物をとったら刃物で切りわけ、きれいに食べるといい。海には船を造って出るといい。それにイナウをけずってそなえてやれば、動物たちのたましいも喜ぶのだよ。わたしはアイヌラックルだ。これからは兄弟になろう」

アイヌラックルに教えられて、イナウを作ることもおぼえた

それから子供たちは、トミサンペッ川の山に城を造って住み、ポイヤウンペと呼ばれるようになりました。そして、弓ややりで動物をとってはイナウを作っていのるようになりました。そして、アイヌラックㇽが戦をする時は兄弟として助けあい、栄えたということです。

タンペ エエラム アン?

これ知ってる?

カタㇰ(糸玉)

アイヌの着物の中には、木の皮で作られるものがあります。

材料となる糸を作るには、まず木の皮のせんいをさいて、少し「より」をかけながらつないでいきます。こうしてできた長い糸を、へそ巻きという巻き方で玉になるように巻いてカタㇰを作ります。

へそ巻きにすると、糸玉の中心部から糸を引き出すことができるため、糸がもつれることがなく、作業がはかどります。卵から男の子が生まれる話が少し変化して、カタㇰから生まれるストーリーが生まれたのでしょう。カタㇰが選ばれたのは、女性が作り出すものだからかも知れません。

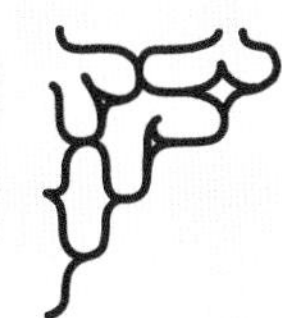

解説

太陽の神の子 各国に伝説

このお話は、紫雲古津のワカルパという男性が語った「神々の昔話」です。トミサンペッ川にすむ兄弟と言えば、道南の英雄詞曲「ユカㇻ」で活躍するポイヤウンペとカムイオトプㇱのことです。かれらがアイヌラックㇽと兄弟だという話はしばしばみられます。

同じ平取町に、ほとんど同じ内容で主人公がパナンペ・ペナンペ兄弟の話もあります。こうした物語のキャラクターたちは「最初に生まれた人」や「最初に文化をおぼえた(またはつくった)人」など、いくつかの顔を持っています。

女性が太陽の光をあびて英雄的な人物を産むストーリーを感生伝説といい、モンゴルや中国、朝鮮、日本に見られます。なかでも朝鮮半島の朱蒙や日本の天之日矛の話は、卵から人が生まれるところがこの話とよくにています。

古トンコリの怪

樺太西海岸来知志の話

（更科源蔵「アイヌの民話」より）

これは樺太アイヌのお話。昔、オヤンルルという村に、半分はカムイ（神様）、半分は人間のヤイレスーポという男の人が暮らしていました。ヤイレスーポとは「自ら育った子」という意味です。ヤイレスーポには両親がいませんでしたが、カムイに守られて一人で大きくなったので、こうよぶのです。北海道東部・北部に伝えられるサマイエクㇽや、南部のオキクㇽミと同じく、尊敬される男性です。

さて、そのヤイレスーポが暮らしていると、あるとき不思議なうわさが聞こえてきました。それはこんな話です。だれも見たことのない、化け物なのか人間な

見知らぬ男たちの無理難題におびえる村人

のかわからない二人の男が、あちこちの村に突然現れては、「私たちはどんな親を持つ者か、どこでどう生まれたものか、教えろ」と自分たちのことを聞くのです。会ったこともないこの二人のことを、だれが答えられるでしょう。村の人々が困っていると、「答えられないならこうだ」とばかりに村をほろぼしてしまうというのです。そうやって、その男たちは村々をほろぼしては、また別の村に現れるというのでした。

ヤイレスーポは、おそろしい二人組が、そのうち自分の村にもやってくるのではないかと気がかりでした。

そんなある晩、ヤイレスーポは夢を見ました。ヤイレスーポのトゥレンペへ（守り神）であるチリキャンクフという年をとったカムイが夢に出てきて、こう言うのでした。「ヤイレスーポよ、私が言うことをよく聞きなさい。私は今日つれづれに海へ出た。『長い木は根元をかけ、低い木は上をこえ』と歌い、風をまきおこしながら浜辺へ出て、海原を見わたしていた。すると、化け物の乗った船が、おまえの村をめがけてやって来るのが見えたのだ。私の家の屋根にとまっている、金の鳥・銀の鳥もやかましく鳴いて危険を知らせている。あの船は明日にもおまえの村に来よう。もしも訪ねてきたら、私が教える通りにふるまいなさい。決してあわてず忘れず、教えた通りにして、村を守るのだよ」

ヤイレスーポは目が覚めると、胸さわぎがして浜辺へ行きました。すると海の向こうから、夢で教えられた通りにおそろしげな船が、血のよ

ヤイレスーポの守り神チリキャンクフ。危険に気付き、対策を教えた

うな赤いけむりを立ててせまってきます。ヤイレスーポは「どうやって身を守ろう」と不安に思いながらも、家にもどってなにも知らない顔をして、船の主たちがやって来るのを待ちました。すると船が陸に着き、大きな二人の男たちがヤイレスーポの家にやって来ました。

男たちはよその家を訪ねるときの作法も守らず、いきなりズカズカと上がりこんで、大事なお客さんを案内する席にどっかりとこしを下ろしました。一人はとても大きな体で、目は血走って赤く光り、おそろしげな顔をしています。顔は赤く、手は真っ黒です。そして口を開き、「おまえに聞きたいことがあって遠いところからやって来た。私たちにはどういう先祖がいて、どういう親があって生まれてきたのか、知っていたら教えてくれ」と切り出しました。ヤイレスーポは「そういうおまえたちも、私の先祖、私の親のことは知るまい。だが、私はおまえたちの素性を知っているから聞かせてやろう。それを聞きたがって、村々をあらしてここまで来たのだから、私がいうことをよく聞け！おまえたちのもとはトンコリだろう！」。

お告げの通りに行動し、男たちの正体を明かす。男たちも解放された

ヤイレスーポがそう言ったかと思うと、二人の男の姿が消え、座っていた場所に大変大きな古いトンコリ

がごろんと転がりました。ヤイレスーポはトンコリをおのでこなごなにくだき、木や草や土にわけあたえました。こうして二人の男たちによって、村々が全てほろぼされてしまうところでしたが、チリキヤンクフのおかげで、ヤイレスーポは自分の村、自分の郷を救うことができたのでした。

タンペ エエラム アン?
これ知ってる?

トンコリ

アイヌ民族に伝わる弦楽器。サハリンに住むニヴフ民族やウイルタ民族も使っていました。マツなどの木をくりぬいた上にうすい板をかぶせて作り、動物のけんやイラクサのせんいでできた弦を張ります。

弦の本数が3本や6本のものもありますが、現在ひき方が分かっているのは五弦のトンコリ。ギターのように指で弦をおさえないので、5本の弦から出る五つの音を組み合わせて曲にするのが特徴です。

トンコリはソロでもひき、歌やおどりの伴奏もし、時に恋心を伝えるために演奏されてきました。現在はさまざまな音楽に取り入れられています。

解説
役割終えた道具 感謝の儀式

男たちの正体は古くなったトンコリ（楽器）でした。アイヌ文化の考え方では、どんなものにも必ずたましいが宿っています。この世での役割を終えたたましいは、カムイの世界へ帰っていきます。

だから、使わなくなった道具などはわざとこわし、お供えとお礼をして、「もとの世界へお帰りください」とおいのりをします。形をこわすことで、たましいは道具をはなれて自由になるのです。このようなおいのりを「霊送り」といって、とても大切なことだと考えられてきました。

ところが、霊送りを忘れたまま放っておくことがあると、道具たちは「使ってもらえない、送ってももらえない」と苦しみます。その気持ちが届かないと、やがて人々へのうらみとなり、とうとうお化けになって「私のこと忘れてなあい?」とせまるのです。みなさんの家にも放ったままの道具はありませんか。

神のめし使い

日高管内平取町の話（「語りの中の生活誌」より）

私はカムイコロウッシウ（神のめし使い）と呼ばれるむすめで、シヌタプカのおばの家で育ちました。家には、大勢のめし使いの女たちがいて、ほかにもう一人、きれいな部屋の中でだれかが大切に育てられていました。

ある時、みんなでオオウバユリをほりに行くことになりました。めし使いたちが私も連れて行こうとすると、おばは反対しました。めし使いが聞かないので、おばはこんなことを言いました。「この子を山につれて行って強いかみなりがなったり、ひょうが降ったりしたら、すぐにあかりを消してだれにも見られないよ

ぼろを着せられ、幼いうちから水くみなどをさせられるむすめ

うにこの子をかくせ。約束を守れるか」。めし使いたちは、その通りにすると約束をして私を連れ出しました。

山に入って、おばから見られない所まで来ると、めし使いたちは私の荷物を全部持ってくれました。オオウバユリが生えている所を見つけましたが「ここのは良くない。もっとおくへ行こう」と言い、山おくの、オオウバユリが一面に生えている所へ行って仕事を始めました。めし使いたちは「おまえは見てればいい。土でよごれたら神がおいかりになる」といって、私には何もさせないのでした。

その晩は、小屋を作ってとまり、夜はみんなで歌を歌って過ごしていました。

すると、遠くからものすごいかみなりの音がひびき、激しくひょうが降り始めました。ものすごい音で、私はこわくてしかたないのに、みんなは気にせずに歌っています。そのうち小屋のそばに大きなかみなりが落ちたかと思うと、美しい若者が入ってきました。

みんなとは知り合いのようで、一緒に歌い始めました。ねるころになると、みんなはなぜかその若者と私をくっつけて一緒にねかせようとします。若者にぎゅっとだきしめられて身動きもできず、朝までねつけませんでした。朝になると若者は帰り、私たちも家にもどりました。めし使いたちは、山では何ごともなかったようにとぼけていました。

またあるとき、魚をとりに行くことになりました。この時もおばはしぶりましたが、前と同じように約束して山へ行きました。夜、小屋で過ごしていると、前と同じようにすごい音がして、あの若者が来ました。ねる時になると、また若者にくっつけられましたが、こんどは前ほどこわくなかったので、そのままねむりました。朝、若者が帰るときに「おまえは私と結婚することになっている。むかえに行くまでこれを着ていて」といって、自分の着ているコソンテ（立派な着物）をぬいで私に着せました。

山であった美しい男性はむすめを妻とよび、コソンテを着せた

　家に帰って水くみをしていると、おばが話しているのがたまたま聞こえました。おばの話では、私はこの家の本当のむすめで、イヨチ（余市）の立派な人のいいなずけなのでした。私が幼いうちに両親が亡くなったので、めし使いであったおばが家を乗っ取り、自分のむすめをイヨチにとつがせようとしていたのだとわかりました。おばは、私が本当のことを知ったのに気づき、私を殺そうとしました。ほかのめし使いたちが私をかばってくれましたが、それでもあぶなくなった時、山で会った若者がかみなりとともに現れて「おまえの悪事を知らないと思ったか」といって、おばとむすめをこらしめました。

　それから、私をかかえて空に飛びあがり、気づくとイヨチの城の中でした。若者の兄や姉もいて、薬を作って私の傷を治してくれました。しばらくして、おばとむすめが私からうばった宝物を持って謝りにきました。ひどいこともされましたが、赤んぼうだった私

おばのたくらみも見破られ、むすめは幸せになった

を育ててくれたこともあり、許すことにしました。それからはその若者とシヌタプカで暮らし、私をかわいがってくれためし使いたちやおばのむすめも、いい結婚相手を見つけて、みんなで暮らしました。そのうちに、私にも二人、三人と子供ができました。と、シヌタプカの女の人が語りました。

タンペ エエラム アン？

これ知ってる？

カシ

アイヌ語でカシやカシコッなどと呼ばれ、遠出した時、野宿する（山の中などでとまる）ための仮小屋のことです。細い木で骨組みをつくり、拝み小屋の形にします。屋根はカヤやフキ、カツラの木の皮などを使ってつくります。

丈夫で簡単には雨もりもせず、松の葉や木に生えるコケをじゅうたんのようにしくので、ねる時もぬれません。中では火をたいて、暖まったり、料理をすることもできました。今回のお話に出てくるように、ナイフと山刀を使って女性も手早く簡単にカシをつくりました。テント用の布地が手に入るようになると、骨組みだけつくって、屋根は布でおおう人もいました。

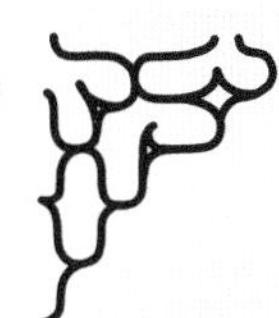

解説

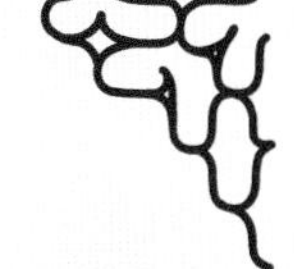

おばの悪だくみ見破る

このお話はメノコユカラといって、女性が主人公です。北海道の西でユカラ、東でサコロペと呼ばれる話は、空を飛ぶ超人たちが活躍するものが多いのですが、女性が主人公になると、すてきな人との出会いや恋愛が話の中心になることもあります。

アイヌ文化でも日本文化でも、何十年か前までは結婚する相手を家族や周りの人が決めることが普通でした。主人公はイヨチウンクル（余市の人）のいいなずけになっていました。ところが、悪いめし使いが家を乗っ取って、主人公をめし使いに、あべこべに自分のむすめを主人のむすめとして育てたのでした。

ほかのめし使いたちは真相を知っているので、こっそりむすめを助けたり、山の中に連れて行って、いいなずけのイヨチウンクルと会わせたのですね。そのおかげで、悪いおばのたくらみが見破られたのです。

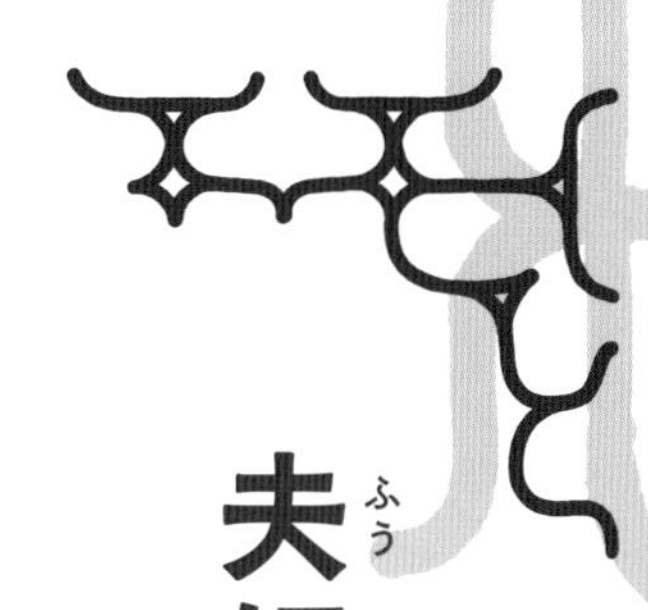

夫婦のイナウがさらわれた

日高管内日高町の話（久保寺逸彦「アイヌ叙事詩　神謡聖伝の研究」より）

私（アイヌラックㇽ）は育てのお姉さんに守られて、大切に育てられていました。家の中には宝物の光がいっぱいで、また、お姉さんの美しい顔や、お姉さんが作る美しい着物も光を放っています。そんな女神のようなお姉さんですが、私の事をとても大切にしてくれました。大きくなると、私は宝刀のさやに彫刻をして毎日を過ごすようになりました。そんなころ、天窓から手紙が降りて来てお姉さんの手元に飛んで来ました。お姉さんは、何も言わずに手紙をしまいました。そうしたことが何度か続き、2年、3年と過ぎたある晩、お姉さんはずっとだまりこんでいたかと思うと、

お姉さんに大切に守られて育つアイヌラックㇽ

私の方に向き直ってこう言いました。

「私が育てた方よ、ときどき天から手紙が来るのを見て不思議に思ったでしょう。あなたがまだあまりに幼いので知らせないでいたが、実は天の神々が男のイナウ・キケチノイェイナウと女のイナウ・キケパラセイナウという夫婦のイナウを、あなたに向けて送ったのです。あなたがそれと同じものを作り、人間界に広めるようにと。ところが夫婦のイナウが天から降りて来たところで地の果てに住む大魔神がうばい去って、6重の箱にしまいこんでしまったのです」

「そこで、天の神はあなたにイナウを取りもどすように求めてきました。あなたが心配で言わずにいましたが、今はあなたも大きくなったので、いよいよ大魔神と戦う時が来ました」。お姉さんは続けて「私が育てた方よ、戦いに行く前に、準備として、はだの白い神・柳のカムイ、はだの赤い神・ハンノキのカムイ、はだの青い神・ニワトコのカムイ、弁舌にたけた神・ハシドイのカムイ、はだの黒い神・エンジュのカムイたちをストゥイナウにしなさい。それを、60本ずつ作っていのりをささげなさい。そうすればその神々があなたとともに戦ってくれるでしょう」。

そこで私は立ち上がり、金の小袖をまとい、金のベルトをしめました。そして、すそからほのおが立つハルニレの衣を羽織り、さやじりからほのおが立つ刀を身に着けてかけ出しました。森の中をかけてお姉さんが教えた木々で60本ずつストゥイナウを作りいのりま

色々な木でストゥイナウを作っていのると、仲間になって飛んで行く

した。すると突然、私の守り神が大風を起こし、私はその風に乗って空を飛びました。見ると、私が立てたストゥイナウたちもいっしょに飛び立ち、私のまわりに近く遠く鳥の群れのように飛びながらついてきたので、とてもおどろきました。そして、ごう音を立てて飛んで行くと、大魔神の住む岩山が見えました。

見ると、山裾にとびらの付いたどうくつがありました。どうくつは何重もの岩のとびら、木のとびらで閉ざされていました。それをけやぶって中に飛びこむと、大魔神がイナウを入れた箱にひざをのせて、座っていました。私はかけよって刀をぬき、ほのおのようにはげしく切りつけました。大魔神の頭めがけて切り下ろすと、すんでのところで刀をかわし、飛び上がりました。そうして戦いがはじまりました。大魔神にもたくさんの手下がいて、ストゥイナウのカムイたちと激しく戦いました。

そのうち、戦いがあまりに激しく、世界がこわれそうになったので、地下の地獄にうつって戦いました。清い神であるストゥイナウは、地獄での戦いには弱く、あちこちでたましいが飛び去る音が聞こえました。命を落としたカムイのためにいのりながら、6年の間戦い続け、ようやく大魔神をたおしました。取りもどしたイナウを持って地上に帰ると、お姉さんは「とも

地獄へ行って魔神と戦った末、
ついにたおしてイナウを取り戻した

に戦ってくれた神々のためにいのりましょう」と言いました。そこで酒とイナウを作り、遠く近くの神々を呼び集めて、ストゥイナウカムイたちのたましいが神の世界に帰ることができるように、心をこめていのりました。それからは、お姉さんとともにいつもの暮らしにもどりました。

タンペ エエラム アン?

これ知ってる?

イナウ（木幣）

いのりの時に男性が木をけずって作るものです。カムイへのお供えにしたり、イナウの力で魔物を追いはらうこともあります。イナウにする木は、ヤナギやミズキなど手に入れやすくてけずりやすいもの、作る人が良いと思うものを選びます。カムイによって好きな木が決まっていると言われることもあります。

木の外側の皮をむき、少しかわかしてからマキリ（小刀）で表面をうすくけずると、くるくるとカールしたリボンのようなものができます。それを何度もくり返してふさを作ります。イナウにはいろいろな形や大きさがあります。お供えするカムイが男性か女性か、また目的などによって、形や本数、組み合わせを変えます。

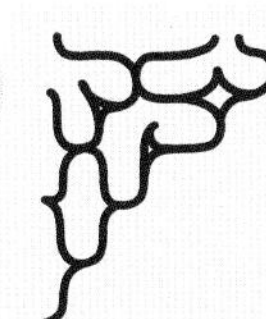

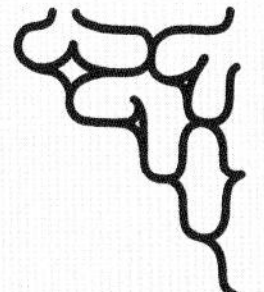

解説

カムイたちと大魔神を退治

アイヌ民族のさまざまな文化は、大昔、偉大な神が広めたと言われています。その神は、樺太ではヤイレスーポ、北海道の東から北ではサマイエクㇽ、そして南から西の日高地方や胆振地方ではアイヌラックㇽと呼ばれています。

今回は、アイヌラックㇽが、イナウを人間界に広める前に、それをぬすんでひとりじめしようとした大魔神を退治したお話です。アイヌラックㇽが作ったストゥイナウカムイは特別なイナウで、守り神として人々を助けるものです。

日高西部や胆振で作られるストゥイナウカムイは、口と呼ばれる刻み目と心臓、内臓を持ち、イナウのふさで包まれています。それに刀ややりを持たせた、どこか人の姿を思わせるものです。においやとげのある木は、特に強い魔よけの力がある神だと言われ、守り神にされます。

シヌタプカ村のむすめ

旭川市の話（「日本の昔話2　アイヌの昔話」より）

私は兄に育てられて二人で暮らしていました。兄の言いつけで縫い物を覚え、はじめは兄に笑われましたが、今ではすっかり針仕事が上手になりました。ある時、イシカラ村のおばから使いが来て、イシカラ村に招待されました。そこで、一番よくできた着物を着て出かけることにしました。兄はそんな私をみて「本当に行くのか、ろくでもないさそいじゃないのか」と言いました。はりきって家をでる所にこう言われ、私はムッとして家に取って返しました。兄は「ひとりごとを言っただけだ。行っておいで」と言って私を送り出しました。いくつも山をこえて、美しい景色に目を

おばの家に行くと、見知らぬ美しい若者が。おばはなぜかおこった

うばわれながらイシカラ村に着きました。一番大きな家の前に着くと、おばが私を見つけて、喜んで家の中へ入れてくれました。

左座に通され、見ると左座にも上座にも、美しい絹のカーテンがかかっていました。おばが食事のしたくを始めたとき、何かのかげが見えたような気がしてまわりを見ると、いつの間にか美しい若者がそばに座っています。するとおばも気がついて「なにしにきた！」とどなりながら、なべの中身を若者にあびせました。あっと思うと、若者の姿は消えてしまいました。

おばはふきげんそうにしながらまた料理をして、それから上等な着物に着がえました。立派なしき物をしいて絹のカーテンの前に座席を作りました。すると、カーテンのおくの部屋から、ひょろっとしてあまり行儀のよくない若者が出てきました。若者がドスンと座席に座ると、おばは私たちに食事を出してくれました。男の人から食べ物を分けてもらうと、結婚の申しこみを受けることになります。それは気が進まなかったので、自分の分を大急ぎで食べておなかいっぱいのふりをしました。若者は私に食べ物をすすめたそうにしていましたが、私が「もう食べられません」と言いはっていると、やがて部屋に引っこんでしまいました。

どうやら結婚を申しこむために誘われたもよう。必死で気づかぬふり

おばは「もうおそいからねよう」といって、私がにげないように見張っていましたが、おばがすっかりねむりこんだところでにげだしました。とうげのところ

までできたところで、だれかに後ろからだきしめられました。私はびっくりして、力いっぱいふりほどいてにげました。家につくと兄は「ばかに早く帰ったな」とおどろきました。

しばらくすると、またおばから使いがきました。私は、何者が私にだきついたのか、たしかめてやろうと思ったのでもう一度出かけていくことにしました。

イシカㇻ村に着くと、おばは前と同じように大喜びしました。家に入ると、やはり見知らぬ美しい若者がいつのまにか座っていて、おばがおこり出すときりのように消えてしまいました。こんども、その家の息子に食事をすすめられましたが、何とかそれをかわして夜に家を出ました。とうげのところまできたとき、やっぱりまただれかにだきしめられました。私がにげようとすると男の声で「私はトゥニポㇰ村の者だ。あなたとは父方のいとこに当たり、いいなずけの間柄だ。あなたに会いに行くより先に、イシカㇻ村の者があなたを呼んだので様子を見に来たのだ」と言いました。

家にもどって、兄にたしかめると、あの美しい若者の言ったことは本当だったのでした。兄は家のとなりに小さな家を造り、お酒を造ってトゥニポㇰ村の親子を招待しました。私はいいなずけの若者にすすめられてお酒を飲み、よってしまったので新居のベッドに

家にしのびこんできたイシカㇻ村の息子は、いいなずけに成敗された

行って休みました。すると、そこにイシカㇻ村の息子がしのびこんで来ていて、私におおいかぶさってきました。おそろしくて大きな声で助けを呼ぶと、兄といいなずけがかけつけ、イシカㇻ村の息子を成敗してくれました。それからは、トゥニポㇰ村の若者と幸せに暮らしました。

タンペ エエラム アン？

これ知ってる？

トゥンプ

古い時代のアイヌ式の家は、部屋の仕切りがなく一間になっている家がほとんどでした。部屋を仕切る場合には、ござをカーテンのように下げて部屋をつくりました。その仕切られた所がトゥンプと呼ばれます。

ユカㇻなどの物語には、部屋がいくつもある宮殿のような家が出てきます。その部屋の一つ一つは特別で、美しい布などでかざられ、金のベッドなど美しい家具があります。そこでは、家の大切なむすめや息子が外のよくないものにふれないよう大事に育てられています。

この文を書いた大学生が学ぶ大学の部屋もトゥンプと呼んでいます。

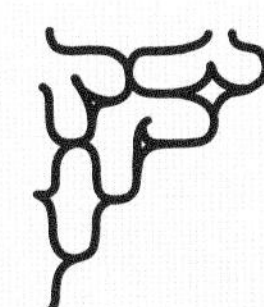

解説

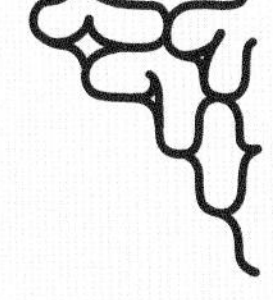

兄といいなずけに守られる

この話はメノコユカㇻといって、主人公は女性です。イシカㇻ村の息子は、主人公の女性にいいなずけ（トゥニポㇰ村の人）がいることを知りながら強引に結婚をせまったのでした。主人公はとっさのひらめきで、食事の半分を受け取らないようにしましたが、本当はこんなことをする人がいないのが一番です。

心配したトゥニポㇰ村の若者は、様子を見に来てわざと姿を見せました。おばは、後ろ暗いところがあったのでおこって追い返したのです。主人公はせっかくピンチをきりぬけたのに、なぜもう一度イシカㇻ村に行ったのでしょう。相手がだれであれ、いきなりだきつくのはワイルドすぎでマナー違反ですから、たしかめて一言いってやりたかったようです。兄が家のとなりに建てた小さな家は、結婚する年頃の女性が過ごすための場所です。訪ねてきた男性とここで話し、人がらや相性を見るのです。

テーマ別
アイヌ文化を知ろう

大人のなかま入り

小学校に入り、高学年になり、中学校に進むことは、少し大人に近づくことでもあります。アイヌ民族のかつての暮らしの中にも、大人になるまでに、いくつかの節目となるできごとがありました。

女の子も男の子も、大人とは髪形がちがいました。前髪と耳の前の髪、後ろ髪を残し、ほかはそりおとします。女の子は大きくなると肩くらいまでのばして左右に分けました。男の子も同じですが、前の方を少しそりおとしました。

樺太では、男の子が小さいうちはビーズで作ったホㇱチリというかざりを前髪にさげました。男の子が成長して、初めて狩りで獲物をとると、成長のお祝いをし、前髪をそります。これで大人と同じ髪形になります。

昔の日本でも、少年のうちは前髪をそらないで、元服という行事の後にそり落とすのが習慣でした。少し似ていますね。

女の子は大人になるまでに大切なことが二つあります。一つは、くちびるのまわりとおでこ、両手に入れずみをすることです。入れずみの文化は世界のあちこちにあって、本州でも昔はしていたと考えられています。

アイヌの昔話には、カムイメノコ（女神）が入れずみをしていたのをまねたのが始まりだという話があります。

入れずみはきれいなだけでなく、一人前になったあかしです。入れずみをすると、結婚したり、大事な行事に出られるようになりました。男の人も願いごとをこめ、入れずみをすることがありました。

もう一つ大事なのは、服の下にポンクッ（小さい帯）やウプソロクッ（ふところ帯）とよばれるお守りの帯をすることです。お母さんや母方の女の人がしめてくれます。この帯はお母さんから娘にずっと受けつがれてきた物で、形やしめ方を見れば親せきかどうかがわかります。結婚するときには、この帯を見て親せきではない人を選びます。

明治時代になると、入れずみ

小学6年生くらいに
ると、お母さんか母
の女の人からもら
。服の下にしめ、ふ
んは人に見せない

女の子の入れずみ

お守りひもを持つころ、くちびるのまわりやおでこ、両手に入れずみをした。琉球（沖縄）や奄美の針突（ハジチ）、本州の和人の「おはぐろ」と同じ、美しい大人の女性のあかし

などは禁止され、だんだんなくなっていきました。しかし昔から大切にされてきたものですから、このごろは自分なりのやり方でこうした文化をとりもどそうとしている人もいます。

《関連動画を見つける「キーワード」》

ミンタラ　大人のなかま入り

探し方は 10 ページを見てね

話す

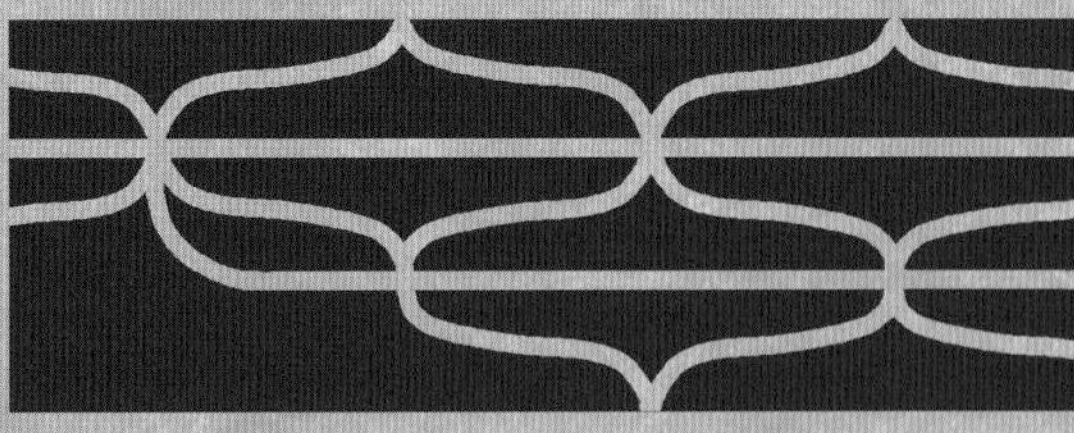

① カンナカムイのお話

（フㇺパㇰパㇰ　パㇰパㇰ）
**アシンタ　パケ　アキㇰ　アキㇰ　アシンタ　ケセ　アキㇰ　アキㇰ／
ネヒコラチ　ウサッラヨチ　チラナランケ**
私の乗りものの前を　はげしくたたき　私の乗りものの後ろを　はげしくたたいた／すると　焼けた「おき」（赤くなった炭火）のにじが　ふりそそいだ

カンナカムイのお話の一部です。最初の「フㇺパㇰパㇰ…」は物語ごとに決まった、くり返しの言葉です。カンナカムイは、龍のような姿ともいわれ、空を飛び、カミナリを落とす、ちょっとおこりっぽいカムイ。人間の村のようすを見に行ったとき、失礼なことをした男と女がいたために、ばつとして村を焼きつくしてしまいます。千歳市に伝わる話では、最後は火の神に説得されて、おこるのをやめました。

※ 36 ページに関連する特集があります

② マメほりをする時の歌

**トイタ　トイタ　クキ　クキ／
エハ　オカヤ　ヒナㇰ　アン／
エハ　イサㇺマ　タネクサン**
畑仕事　するよするよ　ヤブマメは　どこにいるんだい　ヤブマメいないな　もう帰るよ

春にはトイタ（畑仕事）も始まります。カッコㇰ（カッコウ）が鳴くと畑を作り、キビやヒエ、アワなどをまきました。

この歌は「エハ」と呼ばれる野生のヤブマメをしゅうかくするときに歌います。渡島管内長万部町で歌われてきました。春と秋に、ツルや土の中で育ったマメを採り、にたり、ご飯とたいたりします。

アイヌはあらゆるものに命が宿り、人の役に立つほどえらくなると考えてきました。「採りに来たよ」と知らせれば、人の役に立ちたいエハが急いで出てくる、という願いがこもっているのでしょう。

※ 102 ページに関連する特集があります

読む 聞く

ウタㇻ　オプンパレ　ワ　リㇺセレ
ヤン　アーホホイヨオー

人々を立たせて　おどらせなさい

③ おどりにさそいだす時の歌

祭りのさなか、昔話や歌がつづくうち、やがておどりが始まります。

この歌は、おどりのはじめに、集まった人々を立たせ、おどりにさそいだすときに歌われます。歌詞はどこでもほぼ同じですが、メロディーや早さは歌われる地域によってちがうこともあります。前に「アーヘーホイホオー」という短い歌が入ることもあります。

歌もおどりも、見る人とおどる人の間に境目はありません。自分で参加して楽しむものです。

つかれたら休んで、元気になったらまた参加して、あきるまで一つの歌、おどりがずっと続きます。

※ 142 ページに関連する特集があります

アイヌ語の音声を
「どうしん電子版」
動画で聞けます!

探し方は
10 ページを見てね

❶《関連動画を見つける「キーワード」》

読む聞く話す　カンナカムイ

❷《関連動画を見つける「キーワード」》

読む聞く話す　マメほり

❸《関連動画を見つける「キーワード」》

読む聞く話す　おどりにさそいだす

こちらにどうぞ

アイヌ民族の大人インタビュー

感謝忘れず言葉広めたい

作田悟さん＝1948年生まれ
●アイヌ語講師

——お住まいはどちらですか。

苫小牧市です。生まれたのは日高管内平取町ペナコリ、育ったのは穂別町（現むかわ町穂別）豊田です。義務教育が終わるといろんな仕事をしました。材木を作ったり運んだり、東京の銀座で土木工事をしたり。その後はトレーラーの運転手で北海道中をまわりました。

——子供のころの思い出は。

母は、よくアイヌ語を話していました。豊田集落では、イペルスイ「おなかすいた」とかマカヨ「フキノトウ」ぐらいの言葉は和人の同級生もみんな使っていました。家が炭焼きをしていたので、木の名前だけは20種類くらいアイヌ語で覚えていました。

小学3年生のころから母に教わったカケスやウサギのわなをかけて遊びました。カケスは3回とった気がします。

——アイヌ語の講師になられたきっかけは。

50歳になるころ、千歳市の中本ムツ子先生が、苫小牧にアイヌ語の講師として来られました。中本先生も苦手なところがあってご苦労なさっていましたが、若い人をはげましながら一生懸命アイヌ語を広める姿を見て、見習おうと思いました。中本先生にしょうかいしてもらった知里幸恵さんの文章がとても好きで、毎日1度か2度暗唱しています。

ニュージーランドのマオリの方々と交流したときにも、民族意識や考えがしっかりしていて感銘を受けました。

——いま大切に思っていらっしゃることはなんですか。

勉強するのには苦しいことも楽しいこともあります。お世話になった人のことを忘れず、できることをやってアイヌ語を広めていきたいですね。

母の言葉忘れず一生勉強

楢木貴美子さん＝1948年生まれ
●アイヌ協会優秀工芸師、料理講師

——お生まれはどちらですか。

青森県中津軽郡相馬村です。9人きょうだいの末で、私より上は樺太生まれ。母は樺太アイヌ、父は青森の人で、敗戦後に樺太から青森に移りました。3歳の時に宗谷管内豊富町稚咲内へひっこしました。そこは主に樺太アイヌが移り住んだ所で、言葉に樺太アイヌ語やたまにロシア語が混ざるの。湿地帯で春になると道路に雪解け水があふれ、山の家から浜の番屋まで船で行かなければなりません。水が引き、しばらくするとフレップ（ツルコケモモ）が甘酸っぱい赤い実を付け、おやつになりました。

——どんな子供時代を過ごしましたか。

当時は半農半漁で、ニシンが大量にとれると学校は大漁旗をかかげて休校に。農業がいそがしい時期も上級生は休みになるの。近所の子たちと野球のまねごとをするのが楽しみで、棒きれのバット、紙を丸めて糸でしばったボールで三角ベースをして遊びました。ニシンがとれなくなると、ニシンがまは露天風呂になりました。水くみが大変でしたが、満天の星とホタルがまう露天風呂に入るのは至福のひとときでした。

1960年ごろ、姉夫婦が小樽で魚のおろしと加工場を営んでいたので、一家で小樽に移住。母は余市や仁木方面の山で山菜をとり、それを市場で売って私たちを育ててくれました。

——ししゅうや木ぼりのコンテストで知事賞を3回受賞しましたね。ずっとししゅうの仕事を？

中学を卒業後、バスの車掌やタイヤの販売修理、電気工事の仕事に就きました。退職後にししゅうを始め、現在にいたっています。

母の口ぐせは「人は死ぬまで勉強」「これで良いってことはないって！」「何事にも感謝の気持ちを忘れずに」など。その言葉を忘れずに、一生勉強と思って歩んでいきたいです。

古い文化守っていきたい

八重清敏さん ＝1955年生まれ
●アイヌ協会優秀工芸師、鶴居アイヌ協会会長

——木ぼりのお仕事に加え、講師もしてらっしゃいますね。以前はほかのお仕事もなさっていたんですか。

中学を出て本州で1年くらい働きました。もどって来た時、阿寒湖で木ぼりをしているおじさんが「手伝え」って声かけてくれ、見よう見まねで覚えました。木ぼりの物がよく売れた時期でした。売り上げが下がり、トラック運転手もやってみたけど、やはり木ぼりが向いてると思ってずっとやっています。弟子屈町の屈斜路湖と川湯温泉に二つ店を出していた時期もあり、昼間は屈斜路湖、夜は川湯温泉で商売していました。

——優秀工芸師になられましたが、ご自分の作品で気に入っているものは。

自分では「どれも良いの無いなあ」と思ってるんだけど、しいて言えばシャチと船をほったイクパスイ（おいのりの道具）かな。

——カムイノミの指導もなさっていますね。いつごろから始められましたか。

祖母が家のそばの三又の木に毎年おいのりしてたんだね。祖母が亡くなった時、母に言われてつぐことにしたんです。40歳前くらい。やり方は親せきの八重九郎さんをまねて。九

郎さんには子供のころから何度も会っているけど、昔のアイヌ文化を大事にしていて、おいのりでも昔話でもよく知っていた、とても尊敬する人ですね。ほかにも釧路や屈斜路の年寄りたちを見てカムイノミを覚えました。自分の家にヌサ（祭壇）を作ったのは12年くらい前かな。

――カムイノミをするのはどういう思いからですか。

自分がアイヌだと感じる。これからは新しいアイヌ文化を作っていく人もいるだろうけど、自分はこういう古いものを守っていきたいと思っています。

いろんな考え方にふれて

瀧口夕美さん＝1971年生まれ
●出版業・編集者・アイヌ語講師

――イシオロレ（道東地方のあいさつで「こんにちは」）。神奈川県鎌倉市にお住まいなんですね。

育ったのは釧路市阿寒湖畔のアイヌコタンです。彫刻家の父が店を開いており、母も一緒に働いていました。

――アイヌ語講師をされていますが、ふだんのお仕事は。

大学を卒業して出版社に勤め、数年後、友人とともに出版（編集グループSURE）を始めました。はじめは仲間と手製本（手作りの本）で詩集を300部刊行しました。大変でしたが、本がどうやってできているのかを知ることができました。その後、母やフチたちに話を聞いてまとめた本（「民族衣装を着なかったアイヌ」）を出すこともできました。

仕事のかたわら、アイヌ語を勉強しました。少しわかり始めると、だんだん楽しくなりました。今は親子のアイヌ語教室の先生をしています。小さな子供がアイヌ語にふれる機会を持てることが、とてもうれしいです。

――今大切に思っていることなどを教えてください。

「多元主義」という言葉を教えてくれた人がいます。一人の人にはお父さん、お母さんがいて、それぞれちがう考えがある。そのまた両親がどういう人間かや、そのほかの家族のえいきょうも受けているので、一人の人間の中身はさまざまな考えでできているんだよ、という意味です。一人一人が小さなころからいろんな考え方にふれ、協力しあうことができたら、世の中がもっと楽しくなると思います。アイヌの言葉のうしろにはアイヌらしい考え方がたくさんあります。ぜひアイヌ語や文化にふれてみてほしいです。

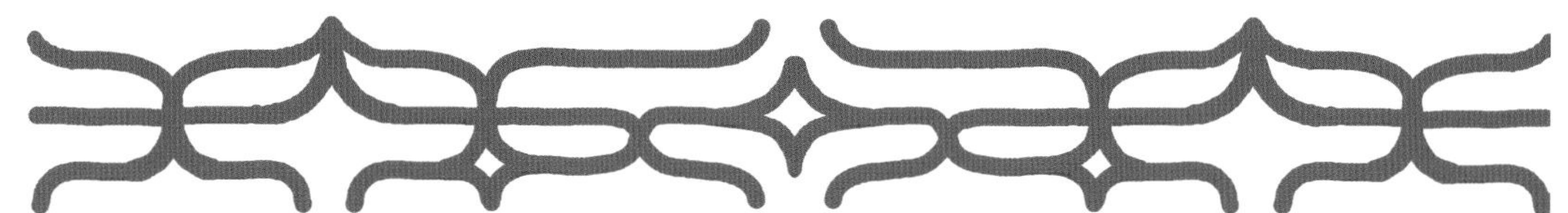

第3章

人の話

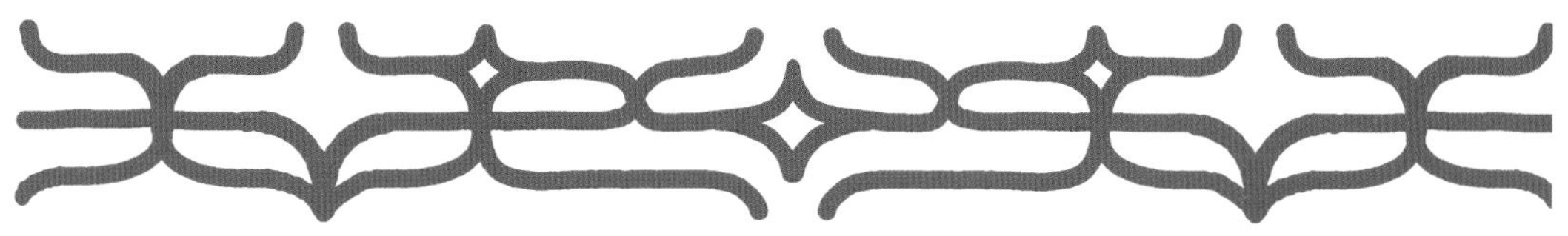

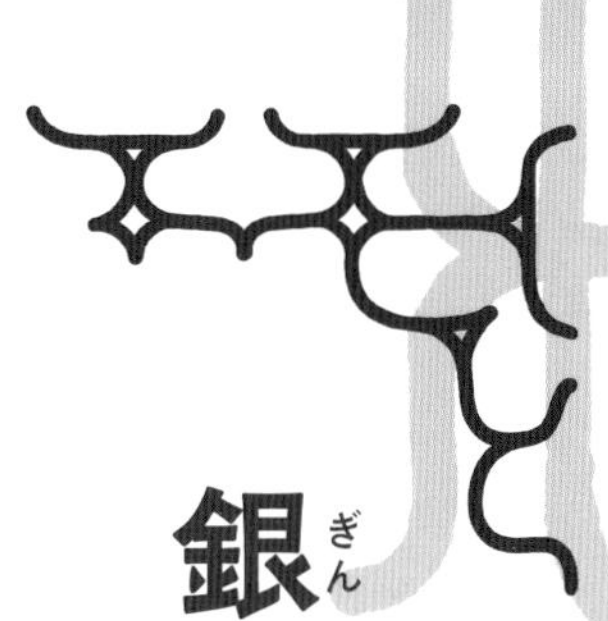

銀のキセル、ウラシペッの村長を救う

登別市幌別の話

（金成マツのノートより）

私はウラシペッの村長です。心がけのよい働き者の妻と幸せに暮らしていました。ある年のこと、それまでなかったような食糧不足が起こりました。山にも川にも食べる物がなくなり、狩りをしても魚をとりに行っても何も手に入りません。村人たちもおなかをすかせて、このままでは死んでしまいそうです。

私が山で獲物を探していると、山のような肉を背負った不思議な男性があらわれました。男性は荷物をおろして振り向いたと思うと、大きなクマの姿になっていました。

私はよろめきながら弓をもち、クマをしとめました。

村長が狩りに行くと、不思議な男性がクマに変身した

そして男性の荷物の肉を少しもらって食べ、ようやく生きた心地がしました。仮小屋で眠ってしまったのか、夢に、あの不思議な男性が現れました。男性はヌプリケスンクㇽ（山裾の神）で、私たちが困り果てていることを知って、自らも獲物となってくれたのでした。私は目覚めて深く感謝しました。それからクマ神にお礼をするためにイナウをけずっていのりました。その時、いつもお守りとして持ち歩いていた宝の刀、神から授けられた刀をイナウにしばっていっしょにささげました。

しとめたクマの肉も、男性が背負ってきた肉も、神の不思議な力で、私が一人で運べるくらいの大きさになり、村にもどって荷をとくと、天じょうまで届くほどの肉の山になりました。おなかがすいて動けなくなっていた妻が、泣きながらはいよって来たので、はじめはスープだけを飲ませました。おなかが落ち着いてきてから肉を食べさせると、ようやく元気をとりもどしました。不思議なことに、クマ神から授けられた荷物の肉は、いくら食べてもいつの間にか元の量にもどっています。村人たちに呼びかけて、動ける者は肉を持っていって家族に食べさせるように言いました。こうして村人たちも元気を取りもどし、また狩りに出かけられるようになって、ようやくいつもの暮らしにもどることができました。

そんなある日、私は山へ行きたくなりました。そこで、父から受けついだ宝物

引き寄せられるように山へ。金の家に入ると、神々が待ち受けていた

のたばこ入れと銀のキセルを持って出かけることにしました。何かに引き寄せられるような感覚で高い山の上へ上がると、そこには金の家がたっていました。中から呼ばれて入ってみると、金にかがやく家の中には六つのいろりが並び、たくさんの神々が所せましと座っていました。入り口の近くに少しだけ空いた所を見つけて座ると、家の主が話し始めました。

「私はヌプリノシキコロクㇽ（山の中央をおさめる神）だ。おまえがヌプリケスンクㇽにささげた宝刀は、神界にも並びない真の宝。このような宝をなぜ人が持っている。この宝刀をおまえの父に授けた神を探ったが、一向に分からぬ。そこでおまえに聞くことにした。心して答えよ。答えられねば命はないと思え」

聞けば、どうも私がささげた刀を、ヌプリケスンクㇽが神々に自慢して、おこった神々の腹いせに私が呼ばれたようです。私はおそろしくも腹が立ちました。

どうしようかと考えながら「たばこを吸う間、待ってほしい」と言って銀のキセルを出すと、なんとキセルが私だけに聞こえる小さな声で話しはじめました。

「私の話をしっかりお聞き。あの刀はコタンコロカムイ（シマフクロウ神）の父が、あなたの父の心がけに感心して授けたものだ」。私はこれを聞いてホッとしました。それから何くわぬ顔で「神ともあろうもの

銀のキセルの声を聞いて、ピンチを切りぬける村長

が、自分のわからぬことを人にたずね、わからなければ殺すなどとは！」と言って宝刀の由来を語りました。その場にはコタンコロカムイの息子もいて青ざめています。こうして山の中央の神に抗議し、わびの印として山のような宝を受け取りました。

タンペ エエラム アン？

これ知ってる？

キセル、たばこ入れ

キセルや刻んだ葉を納めたたばこ入れは、美しい彫刻をほどこした工芸品でもありました。今たばこは葉を紙で巻いたものが売られていますが、キセルが使われていた時代は男女ともすてきなデザインのたばこ入れを帯に下げていました。どちらも木製で、ガラスなどをうめこんでかざりました。

最近は女性がたばこを吸うことについて、体によくないというだけでなく、「えらそうだ」とか「品がない」という声もあります。これはアイヌも和人もそうです。昔話にはそんな価値観は登場しません。女性はつつましく遠慮がちな方がよいという考え方は、新しいものかもしれませんね。

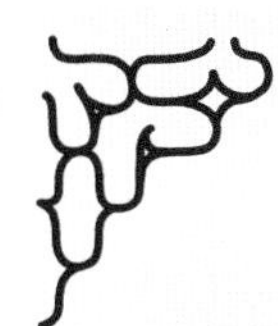

解説

たばこは神へのささげ物

これは登別市幌別に伝わってきたお話です。アイヌ社会にたばこがもたらされたのは、それほど古いことではありません。たばこの入手先としては日本や中国が考えられますが、これらの地域にたばこがもたらされたのも1600年ごろと、新しい出来事です。1643年にオランダ人航海士フリースが北海道でアイヌ民族に会ったころには、すでにきつえんの文化が広がっていました。

当時のたばこは高級な輸入品でしたので、神々へのささげ物ともなりました。また正式に人を訪問する時には、敬意を表すためにたばこをすすめる儀式が行われました。まず相手のキセルを受け取って自分のたばこをつめ、ていねいに相手にすすめます。相手も同じようにします。これは、自分のたばこをプレゼントするということで、受け取った人は拝礼をしてからたばこを吸い、会話をはじめます。

あやしいお客

登別市幌別の話（知里真志保「分類アイヌ語辞典 植物編」より）

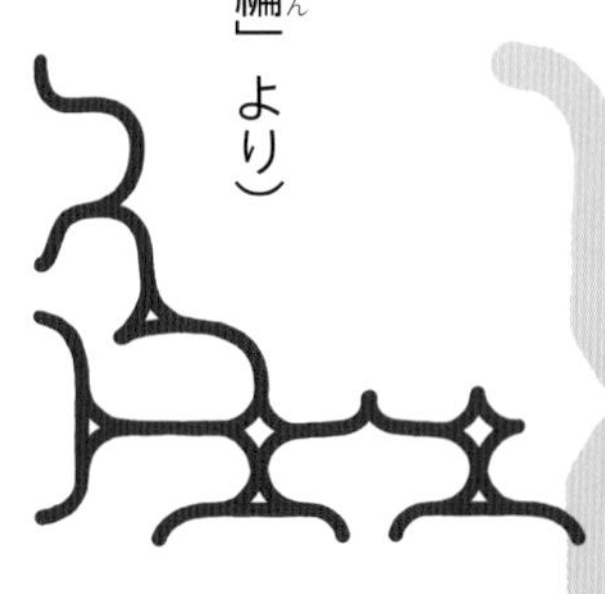

私はウラシペッの村長として妻と二人で暮らしていました。何不自由ない暮らしをしていると、あるとき変なうわさを聞きました。

東の方から、小柄な女が、もっと小さな少女をつれてやって来て、村々の村長の家に来ては「とめてくれ」と言います。村長がとめてやると、次は「おわんを貸してくれ」と言います。そして、ものかげに行って何やらごそごそしていると思ったら、おわんの中に大便をして「さあ食べて」と言って村長に差し出します。村長がきたながって食べずにいると、おこって悪口を並べて去り、しばらくすると次の村に現れるというの

村々を訪ね歩き、見たこともないものを食べさせる不思議な女たち

です。

そのおかしな女が、もう私の村の近くに来ているといいます。私の村だけ素通りするとも思えないから、きっとやって来るのだろうと落ち着かない日々を送っていました。そして、火の女神や家の神や自分の守り神にいのって、その女たちがもしも良くない者であるなら、私の村に近づけないでくれるように願っていました。妻もその女たちが来ることを心配しているらしく、元気がありませんでした。

そんなある日、家の外にいる犬たちがひどくほえる声がします。だれかがわが家を訪ねてきたらしいのです。

妻は戸口へ行って、うわさに聞いた女たちが来ていると言います。席を整えて中にまねき入れるように言うと、妻は「追い返せばいいのに」とばかりに不満げに掃除をし、女たちを中に入れました。聞いていた通り大変小柄ではありましたが、悪い者には見えず神々しさが感じられる者たちでした。二人を席に座らせ、私があいさつすると、二人は喜んでいろいろな話をし始めました。

二人が話すのは神々のうわさ話ばかりでした。やがて少女が「おわんを貸してください」と言います。おわんをわたすと、うわさ通りに物かげに行って何かごそごそし、おわんいっぱいにえたいの知れないドロドロしたものを入れて持ってきました。それを私に差し出して食べるようにすすめます。

話に聞いたとお

女が差し出したものは？
食べてみると、おどろくほどのおいしさ

り、大便を食べろと迫られるのかと思いましたが、いやなにおいはせず、むしろおいしそうに感じます。感謝しながら受けとって食べてみると、なんとも言えないおいしいものでした。妻にもすすめてみると、一口食べてみて、その味の良いことにおどろいたように食べ続けました。女たちはとてもうれしそうでした。

　それから妻が花ござのねどこを作り、みなねむったころ、あの女たちが枕元に立ってこう言いました。

「ウラシペッの村長どの、私たちは人でも魔物でもない。私はオオウバユリの頭領、こちらはギョウジャニンニクの頭領だ。大昔、コタンカラカムイ（国を作った神）がこの世界を作った時、人間の食糧としていろんな草木を生やした。中でも私たちは最も大切な食べ物だ。ところが人間たちは食べ方を知らないので、せっかく私たちが生えてもだれにも採られずに散り、たましいだけが神の世界へ帰る。これでは生えるかいがないから、私たちが食べられることを教え、神として祭られたいと思って人間の村を訪ね歩いたが、だれも食べようともしない。ここでもダメだったら、仲間たちと神の国へ帰ろうと思っていたが、聡明なあなたのおかげで私たちも神になれる。あなたたちも今よりいっそう幸せになるだろう」と言いました。目が覚めて夢を見たのだと知りました。妻も同じ夢を見たと言います。

　女神たちに礼拝し川辺に行くと、なるほどオオウバユリとギョウジャニンニクが一面に広がっています。

夢枕に立った女たち。二人はオオウバユリとギョウジャニンニクの女神だった

それを採って食べ方を人々に教え、ますます豊かになって子や孫にも恵まれました。そしてこの食べ物の大切さを子孫に語りながら今は年を取ってこの世を去るのです、とウラシペッの村長が語りました。

タンペ エエラム アン?
これ知ってる?

トゥレプ（オオウバユリ）

キウとも呼ばれ、鱗茎にでんぷんが多くふくまれる山菜。収穫時期の6、7月ごろに専用の棒でほり起こします。鱗茎は1枚ずつはがして、うすやたるの中でつぶし水を入れてかきまぜると、せんいは水にうき、しずんだでんぷんだけをとることができます。でんぷんは「真っ白な一番粉」「少し灰色がかった二番粉と三番粉」に分離します。一番粉は薬になり、せんいは発酵させて大きなドーナツ型の保存食にします。

かんそうしたものは削っておかゆに入れ、しるの身になります。新鮮な鱗茎はそのまま蒸し焼きにしたり、つぶしたものをフキやイタドリなどのくきに入れたり、葉で包んで焼いても食べられます。

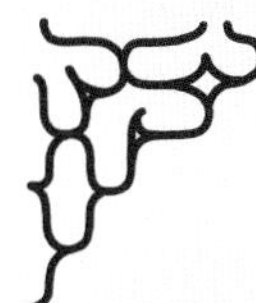

解説

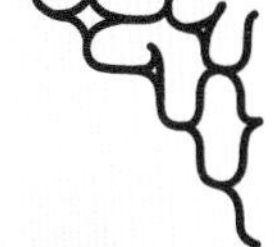

感謝され動植物はカムイに

このお話は、山菜を食べるようになった由来を語ったものです。

アイヌ民族の考え方では、山菜には体（草の部分）とたましいがあるといい、体がなくなってもたましいは後に残ります。たましいたちは人間からのお供えやおいのりを受けて神の世界にもどり、また新たな体を持って人間の世界にやってきます。こうして感謝されることで、動植物はカムイになるといいます。

初めて知る食べ物を、きたない・気味の悪い物と誤解する話はたくさんあります。なべいっぱいの人の歯がよく見たらユリの根だった、ヘビだと思った物がおいしい魚だった、などなど。和人の話では、スサノオやツクヨミといった神が、女神の鼻やしりから出た食べ物をすすめられておこる話があります。

とても食べられそうにない物が意外にもおいしいという、お話を楽しくするしかけの一つでしょう。

チセコロカムイの怒り

千歳市の話

（「白沢ナベ口述　ウエペケレ　チセコロカムイの怒り」より）

私はウライウシナイに住む男です。一人暮らしなので、男の仕事も女の仕事も何でも覚えて、自分でおいしい料理を作って暮らしていました。狩りをしても魚をとっても、いつも獲物に恵まれます。一人なので食べきれない分は家の中で干してとっておき、ほかに何を食べたいともほしいとも思わない、満ち足りた暮らしをしていました。

狩りに行き、よく山の中であちこちの村の人たちと出会って話すことがありました。あるとき、ほかの村の長者と狩り小屋にとまって話していると、こんなことを聞きました。

狩りに行って山で会った人に話をきく若者。
あるとき悪い村長のうわさを知った

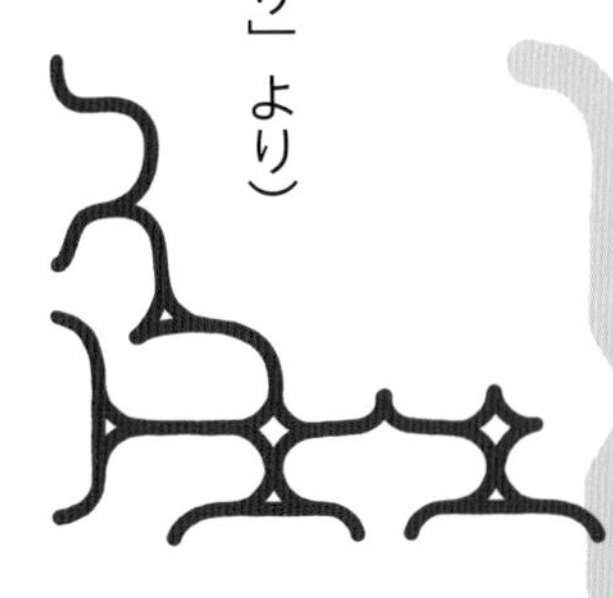

「私の住むクスㇽ（釧路）には川の河口、中流、上流に三つの村があります。河口の村の村長は困った男で、村人が狩りをしてくると『おれの狩り場でとったものだろう』と言ってチャランケ（討論）をしかけ、肉や財産を半分取ってしまいます。そうして一人裕福になっていますが、私たちは困っているのです」

　これを聞いて、そのようなよくばりの村長は許せないと思いました。暴力はいやですが、言葉では負けません。ある日その村に出かけました。ここがクスㇽ川だろうと思うところに出て、下って行くと見たこともない大きな村に着きました。村の真ん中に、島ほどもある大きな家がありました。

　そこはいつか山で会った長者の家でした。妻やむすめ、息子もいて、とても豊かな様子です。何年かぶりにあいさつをして、夜まで話しこみました。あくる日、河口の村まで案内してもらいました。村長の家に通されると、聞いていたとおり家いっぱいに宝物が積み重なって光っています。

　主人はまともにあいさつもしませんが、私はあまりキョロキョロせず、話し始めました。口が達者な村長で、私が何か言おうとすると、その先にものを言うので思うように話せません。じっと待って、間があいたところで「あなたは村人たちが狩りをすると獲物を取り上げ、つぐないとして宝物まで取り上げているが、一体どういうつもりか」と切り出しました。しかし、村長は悪びれもせずとぼけるばかり。そこで「では、あなたがいのる神々にチャランケする」といって、いろりの火の神に抗議しました。次に上座に祭られているチセコㇿカムイ（家の守護神）の前で「家の住人の悪事を見のがして、それでも偉大な神といえるのか。神とも呼べないものは、切りきざんでバラバラにして捨てましょう」といのりました。するとチセコㇿカムイが宝物を飛びこえて、いろりのそばではね回り、主人の頭に飛び上がってはげしくはねました。

クスㇽの河口の村長は、頭から血を流し「私は大変悪いことをしました。許してください。もうあのようなことはしません」とさけびました。するとチセコロカムイは飛びおり、しばらくはね回ってから宝物のおくへもどっていきました。私は宝物の前に座り、「感謝します。偉大な神であられるので、よくぞ私の言葉を聞きとどけ、かれをこらしめてくださいました」と何度もいのりました。

悪い村長の家の守り神にいのると、神が動きだして村長をこらしめた

それから村長に「おまえの行いがあまりに悪く、遠く私にまで聞こえたのだ。またこのようなことをすればばつをあたえるぞ」と言い聞かせました。それから村中に「村長に宝物を取られた者は、持って帰りなさい」と呼びかけました。村人たちが集まり、口々にお礼を言って宝を持ち帰りました。

村長が悪事を認めたので、村人たちから取り上げた宝物を返させた

川上の長者の家にもどると、そこのむすめとの結婚をすすめられました。感謝して一緒に家に帰り、幸せに暮らしました。悪い村長をこらしめたことが伝わったのか、私の村の人たちは私をほめてくれ、まだ若い

のですが村長にしてもらいました。それからも一生懸命働き、妻の家族とも仲良くし子供がたくさん生まれて幸せに暮らしました。と、一人の長者が語りながら長生きしたということです。

タンペ エエラム アン？

これ知ってる？

チャランケ

チャランケとは、討論のこと。何か物をとられた、約束を破られた、失礼なことをされた、などのトラブルがあり、がまんができない時にはチャランケを申しこみ、当人同士で徹底的に話し合います。

相手の言うことに反論できなくなったり、おこって手を出したり、話のつじつまが合わなくなれば負けとなります。負けた人は言葉や品物、仕事を手伝うなどの方法でおわびをします。負ければ大変なことになるので、周りの人が見守り、時には仲裁します。トラブルを平和に解決するための手段ですが、スンケチャランケ（うそのチャランケ）、イッカチャランケ（どろぼうチャランケ）などという、人に言いがかりをつけることをして物をうばう悪い人もいます。ですから言葉を勉強しておくことは、自分や人を助けるためでもあるのです。

解説

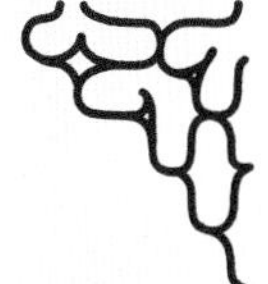

カムイがばつをあたえる

このお話は千歳市で語られてきたものです。主人公が暮らすウライウㇱナイという地名は空知管内浦臼町にもありますが、同じ地名はあちこちにあるので、どこをさしているのかははっきりしません。

主人公はクスㇽまで行って悪い村長をこらしめようとしますが、悪事を認めないので、その家の神々にいのってばつをあたえてもらいました。

チセコㇿカムイとは大きなイナウのことで、カムイとして家の中を見守ります。しかし家の者が悪い事をすれば、それを教えるのもカムイの仕事です。そこでイナウが動きだして村長をこらしめたのでした。

なお、チセコㇿカムイは地域によって形がちがいます。千歳の人々は、地元のイナウを思いうかべながらこの話を聞いたことでしょうから、ここのさし絵では千歳市のチセコㇿカムイをえがきました。

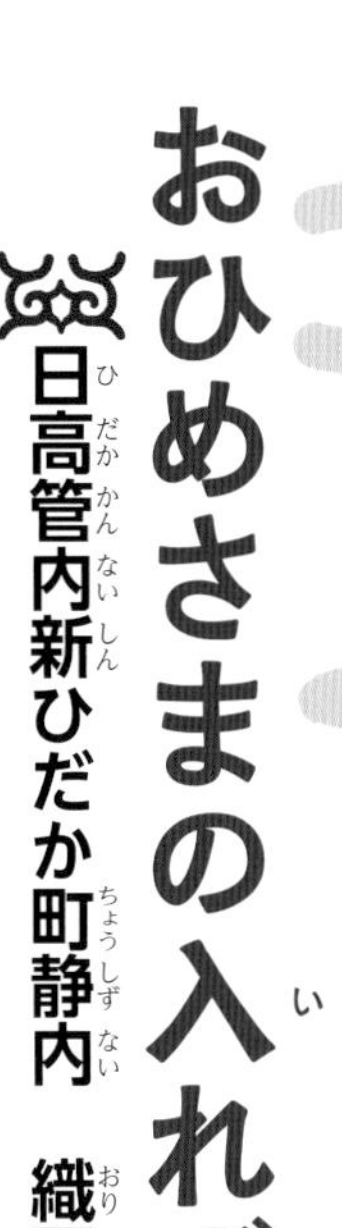

おひめさまの入れずみ

日高管内新ひだか町静内　織田ステノさんの話

（アイヌ民族博物館「アイヌ語アーカイブス」より）

私は大きな村の村長で、働き者の妻との間に男の子を一人授かり、かわいがって暮らしました。年に一度、船に荷物を積んで、和人の長者の所へ交易に行き、クマやシカの毛皮を持っていくととても喜ばれました。たくさんの品物と交換して帰ると、妻も喜びました。

やがて息子が大きくなるころ、和人の長者は「いちど息子さんと来てください。うちにもむすめが一人いますから、いずれ結婚させましょう」と言いました。とはいえ、まだまだ息子は小さいので、しばらくは一人で交易に行きました。

息子は、私の仕事を手伝ううちに、もうすっかり狩

親しくしている和人の長者との交易。このようすを、むすめが見ていた

りもうまくなり「ぼくも交易に行って長者と知り合っておきたい。これからは父さんの分までがんばるよ」と言ってくれました。やがて出発が近づくと、妻は息子のかみを切り、上等な着物を着せました。そうして見ると、わが子ながら実に精悍な若者になっていたことにおどろきました。船に乗りこみ交易に行くルートを教えながら、長者の村に着きました。長者は息子を見ると大喜びし、ごちそうとお酒をならべてかんげいしてくれました。そうして楽しく過ごしながら、「そういえば長者のむすめがいるという話だったが、一度も会ったことがないな」と思いました。

翌日、帰ると告げると長者は息子に「来年からは一人でも毎年来てください。ゆくゆくは私のむすめと結婚して、うちのむこになってくださいね」と言いました。そして交易の品をたくさん積んでもらって、船出しました。そうして、帰り道の真ん中まで来たころ、船の中で荷物が動いたような気がしました。すると、なんと荷物の中から美しいむすめが顔を出しました。

私はたいそうおどろいて、息子もおどろくだろうと思い、だまってむすめをにらみました。するとむすめは、泣きながら訳を話しました。「私はあなたが交易に行っている長者のむすめです。父は私をかわいがるあまり、外にも出してくれないので、結婚することになる方がいると聞きながらも、どんな方か見たこともありませんでした。一目みたいという気持ちがおさえられず、こっそり見てみたら、息子さんがあまりにも立

交易から帰る途中、荷物から美しいむすめが飛び出した

派な方で好きになってしまいました。そこで荷物の間にしのびこみ、今までかくれていたのです。どうぞ私を連れて行ってください。父は私がいなくなったことを知れば、私を連れもどそうとするでしょう。その前に、アイヌのかみ型にし、入れずみをしてください。そうすれば、父も私を見つけられないでしょう。そうしていただけないなら、私をここで海にすててください」と言って聞きません。

むすめに気おされて、仕方なく私たちの村に連れて行くと、妻は大変おどろきましたが、やがてニコニコして「この子の望むとおりにしてあげましょうよ」といって家に行ってしまいました。息子は荷物をおろしながら「引き返せばよかったのに！　長者はきっとむすめをさらわれたと思うだろう。復讐に来たら一体どうするんだ」といっておこりましたが、「おまえにほれたっていうんだから、そうおこるな」といってなだめました。夜になり、平穏に済むようにカムイにいのってから、むすめのかみを切り、入れずみをすると、ほかに並ぶものがないほどの美しいアイヌのむすめの姿になりました。

かみを切り、入れずみをすると、とびきり美しいアイヌのむすめになった

それから何日かして、長者がむすめを探しにきましたが、とうとうあきらめて「残念ではあったけれど、よそには行かず、これからも毎年交易に来てくださいね」といって帰っていきました。その後、二人は夫婦になりました。むすめはアイヌの習慣を教えてほしいといって、すっかり私たちの暮らしになじみました。また、なんでもよく覚え、大変な働き者でもありまし

た。息子は毎年交易に行き、やがて男の子や女の子が次々に生まれ、かわいがって育てました。そこで、子孫たちに「悪い心をもたず和人の長者を大事にしなさい」と言い残してこの世を去りました。

タソペ エエラム アン？

これ知ってる？

入れずみ

シヌイェやパナイと呼ばれ、明治時代の終わりごろまで続きました。女性は10歳を過ぎたころから、口元からほおにかけて、手のこうから手首の少し上まで、何回かに分けて入れます。額に入れることもあります。刃物ではだに傷をつけ、シラカバ、ホオノキ、ノリウツギなどを燃やしたすすをぬりこんで色をつけます。

男性は、狩りが上達するよう手に入れたり、口が達者になるように口角に入れることもありました。

はるか昔、人間に文化を教えた神の妹が入れずみをしていたのが始まりだと言われ、その美しさから入れずみを入れたい女性は多かったようです。入れずみを終わらせないと、結婚も、夫が儀礼に参加することもできないといわれ、女性が一人前になるために必要なこととされました。

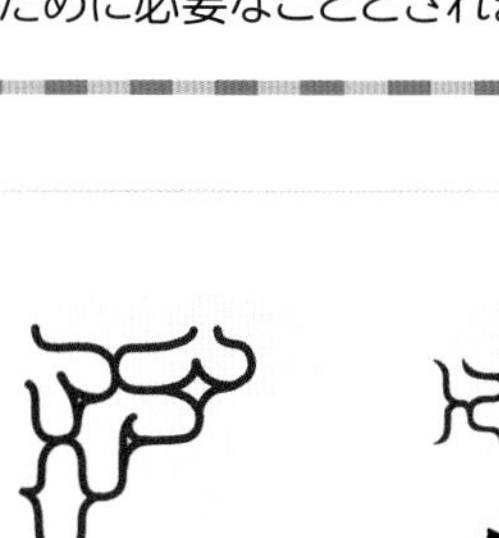

解説

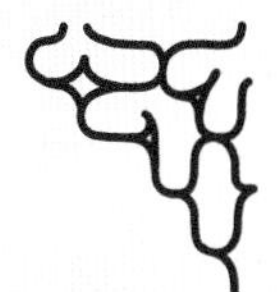

他民族にとつぎ恋貫く

江戸時代以前のアイヌ民族は、さかんに交易（物の取引）をしていました。

今回のお話の中では、アイヌの村長は和人の長者ととても良い関係です。なのに、なぜ長者のむすめは家を飛び出したのでしょう。それは、どちらも一人っ子だからかもしれません。和人は、その家庭の子供が「家をつぐ」ことが、とても大切だと考えてきました。

子供が一人の家では、親も「子供には家にいてほしい（結婚相手に来てほしい）」と考えていたことでしょう。さらに民族のちがいもあり、「子供を出したくない」という親の気持ちは余計に強いかもしれません。それで縁談がなしになってしまうこともありえます。

そこでむすめは思い切った作戦を立てて、村長の妻もそれを応援しました。アイヌの物語では、女性も恋のために自分から行動します。

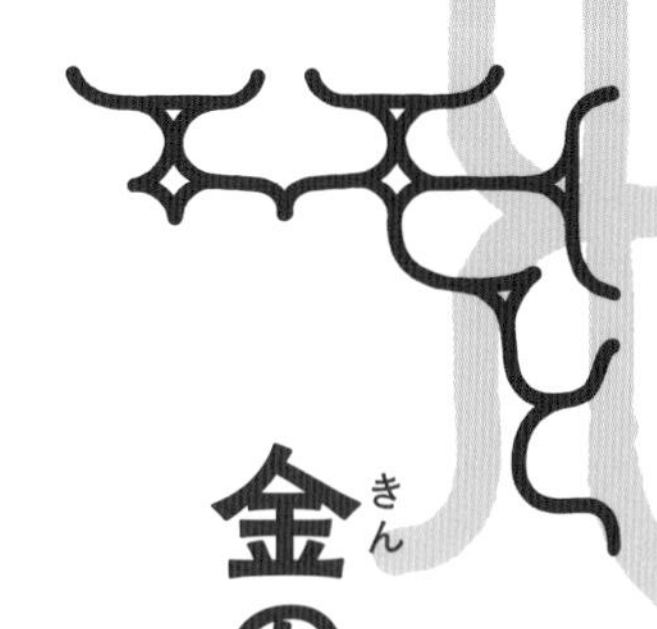

金の子犬・銀の子犬

樺太西海岸鵜城の話

（「和田文治郎　樺太アイヌ説話集　3」より）

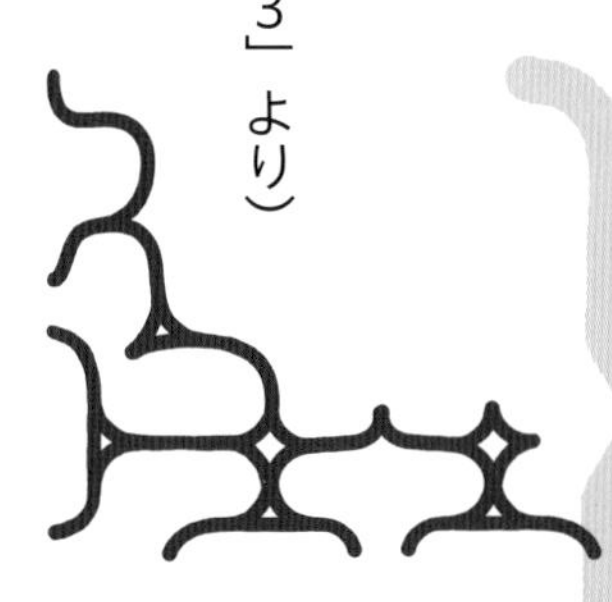

あるところに、パンカンクフ（川下の者）とペンカンクフ（川上の者）が暮らしていました。

ある時、パンカンクフの私は、川にかけたやな（魚のとおりみちをふさいで魚をとるしかけ）を見に行くと、魚がたくさんかかっていました。そこへ1羽のカラスがやってきて魚を欲しそうにしています。1ぴき洗って放ってやると、カラスはそれをついばんで帰りました。次の日も、また魚がたくさんかかっていました。すると、また同じカラスがきて魚を欲しそうにするので、また1ぴき洗って放ってやりました。

家に帰ってから「明日はカラスの国へ行ってみたい

魚を欲しそうにするカラス。パンカンクフは毎日分けてやった

な」と思いました。次の日はやなの所へ行かず、山おくに登って行きました。いくつも山をこえて分け入って行くと、山の中なのに立派な家を見つけました。

家のそばに、金と銀の子犬がつながれていて「コンカニカラカラ、ウォーウォー（金がコロコロ、うぉーうぉー）、シロカニカラカラ、ウォーウォー（銀がコロコロ、うぉーうぉー）、パンカンクァ　アフンアフン、ウォーウォー（川下の者よ、入れ入れ）」とほえました。家へ入ってみると、ろのそばに大きなおじいさんとおばあさんが座っています。

おじいさんは私を上座へ座らせ、「いつも私の子供や孫たちが行くと、魚をたくさんちょうだいしてありがたい。明日あなたが帰る時、お礼に金の子犬と銀の子犬をさしあげよう。途中でたおれた大木が道をふさいでいたら、この団子を子犬に食べさせなさい。そうすれば進むことができるだろう」と言いました。

山おくにあるカラスの国をたずねると、神のような夫婦から金と銀の子犬をもらった

あくる日、私は言われた通りにして帰りました。途中で大木が道をふさいで、子犬が進めなくなると、教えられた通り子犬に団子をあたえました。すると子犬は元気になってなんなく通りぬけることができました。

家に着き、ある日のこと、金の子犬がフンをしたかと思うと、黄金のフンを次々にして山のように積み上がりました。またある日、銀の子犬がフンをすると、こんどは銀の山ができました。私はそれらを和人の村へ運び、米俵や酒やなべ、着物の入った箱、瀬戸物、おのなどと取引してたいへんな物持ちになりました。

いろいろなものが手に入ったので、ペンカンクフを招待してもてなそうと思い、ある日妻を使いに出しました。すると、ペンカンクフはカンカンに怒って「なまいきだ。お前のやったことはおれが先にするはずだったことだし、おれはお前なぞよりずっと良い暮らしをしているのだぞ」と怒鳴って、妻を追い返しました。

それからペンカンクフはパンカンクフをまねて漁をしに行き、カラスが来ると、洗いもせずに魚を放りなげました。そうしてカラスの国へ行き、子犬をゆずり受けたまでは良かったものの、帰り道、たおれた木で道がふさがった所へ来ると、団子もあたえず、ただ子犬の頭をなぐって歩かせました。

そうしてすっかり道に迷ってしまい、あるところで川にぶつかりました。近くにいたキツネに「これはなんという川だ」とたずねると、キツネは川の名だけ答えてさってしまいました。そんなことが3回もつづき、気づいてみると、持っていた荷物もなにも、どこかですっかりなくしています。さんざん歩き回り、くたびれはてて家へ着きました。

ある日、子犬がフンをしました。ペンカンクフがよろこんで見てみると、た

パンカンクフの子犬は山のような金と銀のフンをした。マネしたペンカンクフは…

だ砂のフンをするだけで、宝は出てきませんでした。
やがてペンカンクㇷの家には食料もなくなりました。腹を立てて「あっちの犬は宝物のフンをするのに、うちのは宝も出さずに砂ばかりでてきやがる」と悪態をついて、子犬を殺して捨ててしまいました。そして、とうとう自分もうえ死にしてしまったということです。

タンペ エエラム アン？

これ知ってる？

シト

大きくて平たいお団子のことで、イチャラパ（先祖供養の儀式）やイヨマンテ（クマ送りの儀式）をはじめ、来客など特別な時に作られます。

イナキビやアワなどの穀物を一晩水につけ、水から上げておいたものをうすにいれて、イウタウポポ（きねつき歌）を歌いながらきねでつきます。粉ができたらお湯と一緒に練って団子状にし、ゆでて完成です。そのまま食べることもありますが、昆布で作ったたれや、つぶした筋子とあえて食べたりもします。

シトを作るには、とても時間がかかりますが、みなさんもイウタウポポを歌いながら、おいしいシト作りに挑戦してみてください。

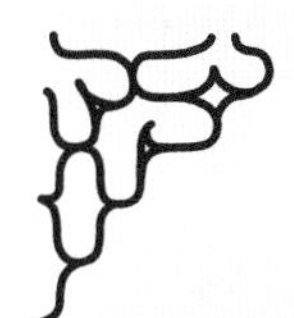

解説

同様の話　他地域、外国にも

これは樺太（サハリン）出身の女性が、戦後に北海道に移住してから語ったお話です。パンカンクㇷは川下に住む者、ペンカンクㇷは川上に住む者という意味で、いつもコンビで登場します。いろいろなお話がありますが、パンカンクㇷは親切で正直。ペンカンクㇷはけちでずるくて、いつもパンカンクㇷをうらやましがってまねをしますが、さいごは大失敗して死んでしまいます。

今回のような金銀を出す子犬の話は、千歳市や登別市にも伝えられています。北海道のアイヌ民族は、この二人組を「パナウンペ・ペナウンペ」や「パナンペ・ペナンペ」と呼びます。

二人の話は、日本でもおなじみの正直じいさん・いじわるじいさんの話を思い出しますね。こうした二人組が登場する話は、沖縄、朝鮮半島や中国、台湾、ミャンマーなど、いろいろな国や地域にみられます。

シマフクロウに育てられた子

千歳市の話（「オイナ〈神々の物語〉3」より）

私はおじいさんと二人暮らしの男の子。おじいさんは、それはそれは私をかわいがってくれて、ねる時はおじいさんのいびきが子守歌代わりです。山に行くとシカだのクマだのをとってきては、私に食べさせてくれます。

そうして暮らしていましたが、私が少し大きくなったころから、おじいさんはご飯を食べなくなりました。おいしいものを作っても、手をつけないでおいたまま。先に並べたものは古くなって黒いカビが生え、新しいものには白いカビが生え、それくらいになっても、おじいさんは食べません。

おじいさんと二人で暮らす男の子。
おじいさんは狩りが上手でとてもやさしい

ある日のこと、おじいさんは起き上がると、炉の上手で体をのばし、羽ばたきました。今の今まで人の姿をしていたのに、大きなカムイチカプ（シマフクロウ）になって、上座の上を右へ左へ羽ばたき、そして窓の所にとまったかと思うと、外に出て祭壇の上にとまりました。私はおじいさんがどこかへ行ってしまう気がして「行かないで、アコロエカシ（おじいさん）が行ってしまったら、私はどうしたらいいの」と言いながら祭壇へ走って行きました。おじいさんだったカムイチカプは、手が届くかと思ったところでパっと高く飛び上がりました。

おじいさんはもう一度降りてきて、私の上を飛びました。すると、その羽音がこう聞こえました。「アコロへカチ（わが子よ）、よくお聞き。私は人間ではない。村のおくにある大木に住むカムイチカプなのだよ。ここはオタスッという大きな村だったが、伝染病がはやって村が絶えてしまった。その後に生き残ったおまえを助ける神がいないので、おまえもおまえの親のこともふびんに思い、人の姿になって育ててきたのだ。ところが私も年を取ってしまった。神の世界から何度も何度もことづてが来て、『神の世界で一生を終えた者はまた神に生まれるが、人間界で一生を終えると神にもどれなくなるぞ』と言う。そこでとうとう帰ることになった。おまえを残して行くことになるけれども、決して一人ではない。おま

シマフクロウになって飛び去るおじいさん。その羽音が言葉になり今までの事を知る

えの母はシヌタプカ村から来た者だ。そこには母の兄や姉がいる。伝染病がはやった村にはしばらく近づくことができないので、ここへ来ないでいるが、私の力で明日ここへ立ちよるようにさせよう。おまえがはまにいれば、兄と姉が船でやって来て見つけるだろう。そこで素性を聞かれるから、今まであった通りのことを言いなさい」。そこまで聞こえたところで、おじいさんは飛び去ってしまいました。

次の日、おじいさんが言った通りに、船に乗ってやって来た人が私を見つけました。そして、やりを支えに船から飛び降りてきて、こう言いました。「おまえはどこから来たのか、さあ言え。私は、言葉のおそい者は話す前に切り、言葉の早い者は話した後に切る勇者だ。さあ言え」

そこで私が訳を話すと、一緒にいた女性が「私の姉がオタスッにとついで男の子をもうけたが、みんな死んでしまったと聞いていた。神のおかげで生きていたんだね」と言って、私におおいかぶさって泣きました。それから私の家に行って、散らばっている物を片付けると母や父の骨も出てきました。それから料理を作って両親にささげ、無事にあの世に行けるようおいのりをしました。村のほかの家も同じようにし、兄が美しいイナウを作って、おじいさんにもおいのりしました。

おじいさんが呼び寄せた親戚と再会。両親やおじいさんにおいのりをした

それから兄は「おまえの親せきがシヌタプカ村にい

る。そこで育ててやろう」と言って、船の真ん中に小さな家を造り、私を入れて連れて行ってくれました。やがて私も大きくなり、結婚してからオタスッにもどって村をつぎました。そして、子供のころ、あぶないところをおじいさんに助けられて幸せに暮らしたことを子孫に語り残しました。

タンペ エエラム アン？

これ知ってる？

カムイプヤラ（神窓）

神窓はロルンプヤラ（上窓）とも言われ、ロロ（家の上座、入り口から見て一番おく）にある窓です。なぜ神窓と言うのかというと、アイヌの神であるカムイはこの窓から出入りすると考えられているからです。たとえば動物は、カムイの一時的な姿だと考えますから、狩りでしとめた動物を家の中に入れるときは、戸口からではなく、この窓から運び入れます。また、私たち人間は、用もないのにこの窓から家の中をのぞいてはいけないとも言われています。

ですから、博物館や各地で復元された家を見学する時は、決して窓から家の中を見ないようにしてください。カムイがおこってしまいますよ。

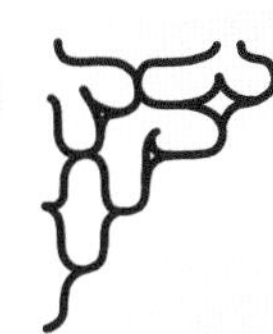

解説

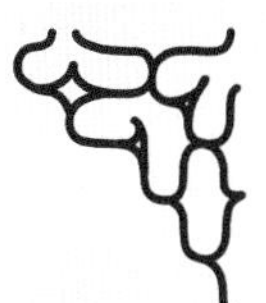

カムイのおかげで生き残る

このお話はカムイユカラ（神謡）の一つです。神謡は、カムイが語り手になることが多いのですが、ここでは主人公の人間の男の子が語り手です。男の子はオタスッという村の村長の家に生まれましたが、病気がはやったため、大人たちはみな亡くなってしまったのでした。そのことをふびんに思ったシマフクロウの神が、その子が大きくなるまで一緒に住んで見守っていたのでした。

シマフクロウは、コタンコロカムイ（国をつかさどる神）ともモシリコットリ（国をつかさどる鳥）とも呼ばれ、クマやシャチとならんで、とても大切なカムイとされてきました。山にすむカムイはメトッ（山おく）に、海にすむカムイはレプ（おき）にカムイの世界があるといい、本当のカムイの世界は天にあると言われます。おじいさんは天にもどり、男の子をずっと見守ったのでしょう。

和人になった兄

日高管内平取町ペナコリの話

（アイヌ民族博物館「アイヌ語アーカイブス」より）

私は父と母と、3人で暮らしていました。一人っ子でかわいがられ、何不自由なく育ちましたが、きょうだいがいれば楽しいのにと思っていました。両親はたまに小声で何かを話し、母は決まってなみだ声になります。少し大きくなると父について山へ行き、狩りの仕方を覚えました。そんなときふと見ると、父が背を向けてなみだをぬぐっていることがありました。

村の人たちは交易に行って、めずらしい食べ物などを持ち帰ってきますが、父にそのことを言っても「必要ない」というだけ。しかし私はあきらめがつきません。このごろ父は山に行かず、家のそばで毛皮や肉を

村人たちは見知らぬ土地へ交易に行く。自分も行きたい気持ちをおさえられなくなった

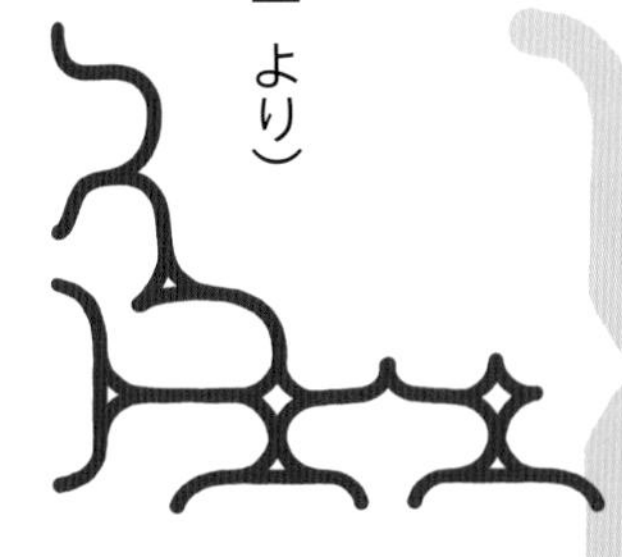

干しているので、山でこっそり船を造ることにしました。

明日は村の人々が交易に行くというので、連れて行ってほしいとたのみこみました。父たちも「おまえは交易の支度をしているのだろう。もう止めないが、行った先で自分の村の名前を言わないように気をつけなさい」と言って安全をいのってくれました。

夕ぐれ近くに、和人の町に着きました。村の人は「取引の相手はよく選ばないと損をする、荷物にすがってたのむくらい熱心な相手が良いぞ」と言って自分の取引先へ行きました。私も心細いけども「せっかく来たのだから頑張ろう」と毛皮を背負って歩きました。

するとひときわ大きな家の者が、何度も声をかけ「どうか主人のところへ」と荷物にすがります。屋敷へ行くと、主人はとても喜びましたが、やがてこう言いました。「日が暮れたので息子が帰ってきます。大切な息子ですが、このごろは気性があらくなり、毎日山に狩りに行って夜まで帰ってきません。交易をしたかったので来てくれて幸いでしたが、どうぞ息子にはお気を付けください」

帰ってきた息子は、聞いていた通り顔に火が走っているような、おそろしい形相をしています。私を自分の部屋に呼び、どんどん酒をすすめながら「どこから来た」と聞きます。

私は酒は飲まず、父の言葉を思い出して「シムカップ村です」とうそをつきました。息子は私を疑って何度も聞きましたが、最後まで本当のこ

初めての和人の町。招かれた家にはおそろしい息子がいた

とは言わずにおきました。

　次の日の朝、息子はまた狩りの支度をし、私には「弁当を持って追ってくるように」と言うと行ってしまいました。途中で水の神にいのりながら、言われた通りの道を行くと、山の中にアイヌの家が1けん見えます。近くまで行くと、中からとても上手なアイヌの歌が聞こえてきます。それはあの息子の声でした。おそるおそる中へ入り、持って行った食べものを出すと、息子が話し始めました。

　「おまえに何かしようというのではない。私の苦しい心をだれかに聞いてもらいたかったが、父母のそばでは言えなかった。私はアイヌで、まだ幼いころに、アイヌの村から父母と弟とここへ来たのだ。ところが父母は交易が終わっても帰らず、泣いてばかりいた。ある朝起きると、私を残して家族はいなくなっていた。それからは和人の父母に育てられたが、家族がこいしくて泣いてばかりいた。和人の習慣を教えられ、できないと言われるのはいやだからだれよりも必死に覚えたが、むなしいばかりで山にいるようになった。育った家を思い出して建て、父の歌を思い出して歌っては泣いていたのだ。おまえが私の弟なら、一緒に死のうと思ったが、おまえと私の村はちがうのだな。すべて話して少しは気も晴れた。もう今の父母を困らせるのはやめにする」と泣きながら話しました。私も聞きながらなみだが止まりませんでした。

　家に帰ると、主人たちは息子の様子が変わったのを見て泣いて喜びました。そして私は村へ帰りました。

全てを知って交易からもどった。生き別れの兄を思うといたたまれない

父を問いただすと、兄を養子にしたいと強引にたのまれ、断れずにおいてきたと言いました。腹が立ちましたが、両親のつらい気持ちもわかります。それから交易には二度と行かず、和人になった兄が泣きながら語ったことを、子孫に伝えました。

タンペ エエラム アン?
これ知ってる?

チプ

木をくりぬいて作った丸木舟のこと。サケ漁や荷物の運搬など、川や湖で使われ、生活に欠かせない道具でした。イタオマチプはそのチプに板を取り付け、舟を強く大きくしたものです。海や大きな川でも使いました。

本体に板を取り付けるには、木のせんいで作ったロープや、桜の木の皮が使われ、すきまから水が入ってこないようにコケをつめました。ロープなどで板をつなぐのは、波の強い力を受けてもこわれないための工夫です。

舟のへりには車櫂という櫂が取り付けられ、これを両手にもって交互に回すようにこぎます。かなりスピードが出ます。車櫂の技術は、東北地方の和人にも取り入れられたといいます。

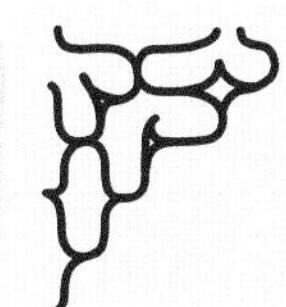
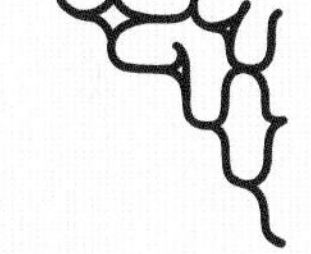

解説
交易で別の民族の養子に

江戸時代以前のアイヌ民族は、日本やロシア、それから北の方の中国に近い地域の民族と、さかんに交易(物の取引)を行っていました。

この話では、日本との交易の中で、アイヌの男の子が和人の養子になり、その家のあと取りとして育てられます。男の子は置いて行かれたことを悲しむあまり、まわりをうらんでしまいます。

しかし、久しぶりに会った仲間に(生き別れの弟とは知らず)心を開いて身の上を語り、それ以上人をうらむことをやめたのでした。

自分で相手を選んで交易をすることができたのは、一般には松前藩ができる以前のこと(400年も昔!)と言われています。今では民族をこえた結婚はめずらしくありません。別の民族から養子をもらうこともしばしばありますが、かつてもそういうことがあったのかもしれませんね。

テーマ別
アイヌ文化を知ろう

山菜採り

まだ雪が残る中、プクサの芽のきれいな緑色が見え始めると、人々の心も春めいてきます。昔のアイヌ民族にとって、春は、山や野原で食べ物を集める季節の始まりでした。

初めに採るのはプクサ（ギョウジャニンニク）。それから、

フキノトウやアズキナ、ニリンソウ、ミツバ、フキ、ウド、コゴミ、ワラビ、ゼンマイなど。種類によって根、くき、葉など、使う部分もさまざまです。

　採り方もいろいろあります。アイヌ語では草などをつむことを「カラ」といい、はもので切ることを「チャ」、根をほることを「タ」と言います。

　昔は家族の中でだれがどの仕事をするのか、ある程度決まっていました。山菜採りは主に女性の仕事。仲の良い人同士や、母とむすめで連れ立って出かけました。この季節しか採れないものは、1年分集めて保存します。キャンプをしながら遠くまで採りに行くこともありました。

　保存する時には、くさらないようきちんとかわかします。まず水できれいに洗い、細い植物はくきを編んで、軒などにつり下げます。くきが太いものはかわきにくいので、刻んですだれに広げておきます。風で飛ばされないよう気をつけ、雨が降ったらすぐしまいます。球根は針と糸でネックレスのようにつないで干します。工作のように楽しい作業です。

　干したものは、料理の前に水につけておくと、またやわらかくなります。スープの具にしたり、煮物にしたり、ご飯にたきこんで食べます。

　保存しておいた山菜は、冬の間のきちょうな食べ物です。けれども、とれたての山菜のおいしさはやっぱり格別。しんせんな山菜を毎日食べられる春は、楽しい季節です。

《関連動画を見つける「キーワード」》

ミンタラ　山菜採り

探し方は10ページを見てね

北海道とその周辺の地名の多くは、アイヌ語が基になったものがたくさんあるよ。あなたはいくつ読めるかな？

38ページからつづく

42 岩見沢市栗沢町**茂世丑**、空知管内**妹背牛**町
43 岩見沢市栗沢町の**清真布**川
44 深川市**巳**
45 深川市多度志の**屈狩志内**川
46 滝川市江部乙町の**須麻馬内**
47 **美唄**市
48 空知管内月形町**厚軽臼内**
49 空知管内浦臼町**黄臼内**
50 空知管内長沼町**馬追**
51 苫小牧市**植苗**
52 **室蘭**市
53 登別市千歳町の**岡志別**川

54 札幌市**手稲**区
55 札幌市の**藻岩山**
56 札幌市東区**苗穂**町
57 札幌市西区**発寒**
58 北広島市**輪厚**
59 石狩市**生振**
60 石狩市**花畔**
61 **恵庭**市
62 千歳市の**支笏湖**
63 小樽市**祝津**
64 小樽市**張碓**町
65 後志管内余市町の**出足平**
66 後志管内共和町**発足**
67 後志管内共和町の**堀株**川
68 後志管内**蘭越**町
69 後志管内**真狩**村
70 後志管内黒松内町**熱郛**
71 後志管内島牧村**千走**
72 北斗市の**茂辺地**川

73 渡島管内長万部町**国縫**
74 渡島管内七飯町の**宿野辺**川
75 檜山管内せたな町北檜山区**太櫓**
76 檜山管内せたな町の**良瑠石**
77 檜山管内乙部町の**蚊柱**
78 青森県**今別**町
79 青森県東通村**尻労**
80 青森県東通村**白糠**
81 青森県五所川原市の**春日内**
82 秋田県仙北市西木町**浦子内**
83 宮城県大崎市**保呂内**
84 山形県尾花沢市の**猿羽根**
※「猿羽内」とも

（行政上の地名としては、使われなくなったものも含みます）

45
42
46
44
49
48
47
65
63
64
60
59
54
56
43
42
67
57
66
50
55
58
61
68
69
70
62
71
51
73
53
75
76
52
ほっかいどう
北海道
77
74
72
79
78
80
81
とうほくちほう
東北地方
82
83
84

地名クイズの答え -2-

42 **もせうし（モセウシ）** モセ「イラクサ」・ウシ「あるところ」。

43 **きよまっぷ（キオマプ）** キ「カヤ」・オマ「ある」・プ「もの＝川」。カヤが群生している川。

44 **いちゃん** イチャン「サケやマスが卵をうむために、川の底をほった部分」。

45 **くっかりしない（クカルシナイ）** ク「弓」・カラ「作る」・ウシ「所」・ナイ「沢」。イチイなど弓の材料に合う木が多い場所。

46 **すままない（スマオマナイ）** スマ「石」・オマ「ある」・ナイ「沢」。大きな石が多くあるため。もとはスマウマナイと読んだとも。

47 **びばい（ピパオイ）** ピパ「カワシンジュガイ」・オ「多くある」・イ「ところ」。

48 **あからすない（アッカラウシナイ）** アッ（オヒョウ）・カラ（採取する）・ウシ（～する所）・ナイ（沢）。

49 **きなうすない（キナウシナイ）** キナ「草」・ウシ「ある」・ナイ「沢」。

50 **まおい** マウ「ハマナス」・オ「ある」・イ「所」。※行政区画の読み方は、うまおい。

51 **うえなえ（ウェンナイ）** ウェン「悪い」・ナイ「沢」。飲み水にならない、魚がいない、船で進みにくい、かつて事故があった川などにこの名前がつくことが多い。

52 **むろらん（モルエラン）** モ「小さい」・ルエラン「坂」、今の崎守町「本室蘭」あたりの地名。むかしは「もろらん」というアイヌ語に近い発音で呼ばれた。

53 **おかしべつ（オカシウンペッ）** オ「川尻」・カシ「仮小屋」・ウン「にある」・ペッ「川」。

54 **ていね（テイネニタッ）** テイネ「ぬれた」・ニタッ「谷地」。

55 **もいわやま** モ「小さい」・イワ「山」。モイワは本来、円山をさしていた。

56 **なえぼ（ナイポ）** ナイ「沢」・ポ「小さいもの」。

57 **はっさむ（ハチャムペッ）** ハチャム「ムクドリ」・ペッ「川」。

58 **わっつ（ウッナイ）** ウッ「ろっ骨」・ナイ「沢」。湖や沼、大きな川につながる小さな川が、あばらのように見えるのでこう呼ぶ。幕末から明治時代初めに「ウ」が「ワ」に変わってしまった。

59 **おやふる（オヤフル）** オヤ「他の」・フル「斜面」。

60 **ばんなぐろ（パナンクルヤソッケ）** パナンクル「川下の人」・ヤソッケ「漁の目印にした地形」。後ろが省略され、音が逆転して今の地名になった。

61 **えにわ（エエニワ）** エエン「とがった」・イワ「やま」。もとは恵庭岳の名前だったものがまちの名前になっている。

62 **しこつ（シコッ）** シ「大きい」・コッ「くぼみ」、千歳地方の古い呼び名。和人の耳には「死骨」に聞こえることから、めでたい「千歳」に変えた。

63 **しゅくつ（シクトゥトゥシ）** シクトゥッ「エゾネギ」・ウシ「あるところ」。

64 **はりうす（ハルウシ）** ハル「山菜」・ウシ「あるところ」。

65 **でたりひら（レタラピラ）** レタラ「白い」・ピラ「がけ」。以前は出樽平と書き、「でたるひら」と読んでいた。

66 **はったり** ハッタラ「淵」。

67 **ほりかぶ（ホロカプ）** ホロカ「後戻りする」・プ「もの＝川」。潮の流れによって河口あたりに逆流がおこる。

68 **らんこし（ランコウシ）** ランコ「カツラの木」・ウシ「ある場所」。

69 **まっかり（マッカリペッ）** マク「奥」・カリ「通る」・ペッ「川」。（羊蹄山の）奥に川が流れている場所。

70 **ねっぷ** ネプ「流木」。流木の多い場所。

71 **ちわせ（チワシ）** チウ「波」・アシ「立つ」。流れが速く、波が立つ川。

72 **もへじ（モペッ）** モ「静かな」・ペッ「川」。流れがゆったりした川。

73 **くんぬい（クンネナイ）** クンネ「黒い」・ナイ「沢」。

74 **しゅくのべ（スプンオッペッ）** スプン「ウグイ」・オッ「多い」・ペッ「川」。小魚のウグイがたくさんいる川。スプンをシュプンとも発音し、シュプノッペッに宿野部の漢字があてられた。

75 **ふとろ（ピトロ）** ピッ「石」・オロ「ところ」。昔は「ぴとろ」とも。網の重りなどにする石のあるところ。

76 **らるいし（ララウシ）** ララ「もぐる」・ウシ「所」。海にもぐってアワビなどをとった所。

77 **かばしら（カパッシララ）** カバラ「うすい・平たい」・シララ「岩」。

78 **いまべつ（イマペッ）** イ「それ」・マ「を焼く」・ペッ「川」。「それ」はここでは魚のこと。魚をさっと焼いてから干し、保存食にすることをイマという。

79 **しつかり（シットゥカリ）** シリ「山」・トゥカリ「手前」。北海道の静狩も同じ語源。

80 **しらぬか（シララカ）** シララ「平磯」・カ「上」。

81 **はるひない（ハルシナイ）** ハル「食料」・ウシ「ある」・ナイ「沢」。北海道の張碓も同じ語源。

82 **うらしない（ウラユシナイ）** ウライ「やな」・ウシ「ある」・ナイ「沢」。

83 **ほろない（ポロナイ）** ポロ「大きい」・ナイ「沢」。青森県の母衣内、北海道の幌内も同じ語源。

84 **さばね（サラパナイ）** サラ「カヤの生えた湿地」・パ「上手」・ナイ「沢」。青森県の佐羽内、秋田県の狙半内、北海道の去場も同じ語源。

こちらにどうぞ
アイヌ民族の大人インタビュー

地元や家族のこと調べてみて

ナアカイさん =1977年生まれ
●アイヌ民族文化財団 職員

——ご出身を教えてください。

旭川市の錦町で生まれ、そこで育ちました。父はトミヤ澤田商店という民芸品店で木ぼりをしており、母も祖母と一緒に川村カ子トアイヌ記念館で民芸品を売っていました。

——木ぼりの文化などが身近にあったわけですね。大学院まで進んだそうですが、どんな勉強を。

道教大旭川校で学び、マキアヴェッリという政治思想家のことを調べてまとめました。2011年4月から3年間は、北海道大学のアイヌ・先住民研究センターで、研究に使うパソコンやホームページの管理などの仕事をしました。以前からおどりに興味がありましたが、だんだんアイヌ語の勉強に力を入れはじめ、14年から胆振管内白老町で3年間の研修も受けました。

——15年にはアイヌ語ラジオ講座でも講師をされたとか。今のお仕事は。

20年7月、白老町にオープンした国立アイヌ民族博物館で働いています。私の仕事は、博物館資料の受け入れや整理を行うこと、資料をインターネットで公開して調べやすくしたり、利用する人がわかりやすく学べる方法を考えることなどです。私は、何年か前から地元のアイヌ文化や家族の歴史・暮らしについて調べたり話を聞いたりしています。こうしたことが博物館の仕事にも生きればいいなと思います。この本を読んでいるみなさんも、自分の地元や家族のことについて一度調べてみることをすすめます。きっと楽しいですよ。

20センチの楽器世界にひびけ

郷右近富貴子さん =1975年生まれ
●アイヌ音楽家・口琴奏者

——ご家族は、みなさん工芸や音楽をなさるんですね。

私は阿寒湖で生まれ育ったので、親も周りも仕事としてやっている人ばかりです。夫は本州出身ですけれど、「ポロンノ」というアイヌ料理の店を釧路市阿寒町でやっています。2018年亡くなった祖母も、日高管内浦河町でずっと女性の手仕事や歌を広め続け、私もいろいろなことを教わりました。

——富貴子さんといえば、アイヌ民族に伝わる20センチほどの口琴、ムックリの演奏者として知る方も多いと思います。

阿寒で母や周囲の女性たちの演奏を見て覚

えました。特に弟子シギ子さんのえいきょうを受けています。

——海外でも演奏されますね。

シギ子さんや多くの先輩が、ムックリを通じてシベリアのサハ共和国と交流してきたんです。2011年には私もサハで開かれた世界口琴大会に参加しました。サハのみなさんと先輩たちの友情に感動しました。その後も姉と二人でスペインやキルギスタンに行き、アイヌの歌とムックリをしょうかいしてきました。

——以前、ウェブ上にエッセーも書かれていましたね。

はい、声をかけていただいて何年か前に。阿寒での暮らしや子供たちと取り組んでいることを書かせてもらいました。

この本の読者のみなさんにも、ムックリの楽しさ、面白さをぜひ知ってほしいです。ムックリが北海道の楽器としてみんなに親しまれ、いつか一家に一つはあるようになって、みなさんと演奏できたら楽しいですね。

アイヌの食文化味わって

新谷モレウコンレク（裕也）さん ＝1991年生まれ

●民族共生象徴空間（ウポポイ）職員

——イランカラプテ、ご出身を教えてください。

生まれも育ちも札幌市です。小学校3年生の時に両親らがアイヌの音楽グループを作って、私もおどりなどで参加するようになりました。自分がアイヌだと知ったのもその時です。毎週金曜日は、おどりを3時間練習していました。

以前は札幌市のアイヌ文化交流センター・ピリカコタンで働いたり、古い映像や録音資料で昔の歌やおどりを勉強するグループに参加していました。

——今は胆振管内白老町にお住まいなんですね。

おどりのグループにいた時から白老町にはよく行っていましたが、2014年から暮らし始め、アイヌ民族博物館（当時）でアイヌ文化を学ぶ研修を受けました。今はウポポイの職員として働いています。

ウポポイではアイヌ文化を研究したり、そこでわかったことを来場者に楽しみながら学んでもらうお手伝いをしています。

私は料理が好きなので、来場した人と一緒にアイヌ料理を作ったり、いろいろなアイヌ料理を食べてもらったりする体験学習のメニューを考えています。最近、サケのくん製を入れたスープを作ってすごくおいしかったので、秋のメニューにしようと考えています。

——読者のみなさんに伝えたいことは。

一言でアイヌ文化といっても、木ぼりやししゅう、歌、おどり、植物を暮らしに役立てる知識など本当にいろいろあります。知れば楽しいことばかりです。ウポポイで、アイヌの食文化を味わってもらいたいです。ぜひ遊びに来てください！

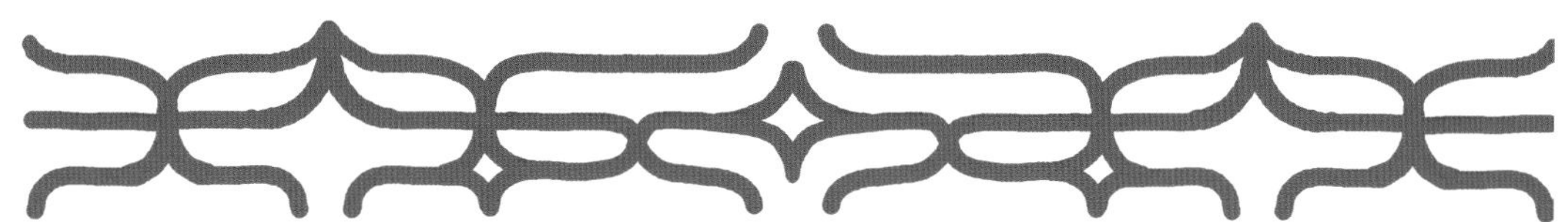

第4章

魔物・おばけの話

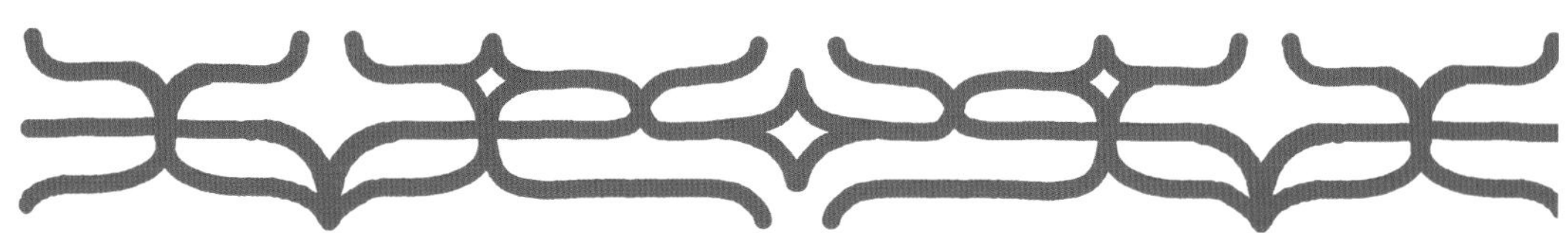

銀のマレク

千歳市の話

いつのころだったか、私は物心ついた時にはお姉さんに育てられて、二人で暮らしていました。お姉さんは、水をくみに行くのも、たきぎを拾いに行くのも、いつも弟の私をおんぶしてでかけ、私をおんぶしながら仕事をしました。そんな時、お姉さんはいつも歌を歌っていました。私はお姉さんの背で、それを子守歌やお話の代わりに聞いて育ちました。

ところが、だんだん大きくなるうちにわかってきたのですが、歌を歌っているのだと思っていたのは、お姉さんの泣き声だったのでした。お姉さんは私をおんぶして水をくみ、たきぎを拾いながら泣いていたので

お姉さんは弟をおんぶしながら働いた。
歌だと思っていたのは泣き声だった

す。私はお姉さんに泣いている訳を聞いてみましたが、お姉さんは「なんでもないから」といいます。それから時々訳を聞いてみるのですが、どうしても教えてくれませんでした。

そのうち私も大きくなって、仕事ができるようになってきました。ある日、今日こそお姉さんに訳を話してもらおうと思ってたずねました。「お姉さん、何か困ったことでもあるの。それとも何かほしいものでもあるなら、アクセサリーでも何でもプレゼントするよ」と言ってみましたが、お姉さんはいつもと同じようにに答えません。

私はむしょうに腹が立ってきて、刀をぬき「これならどうだ！」といって、いろりのくいを足でふみつけ、お姉さんの顔の前に刀をつきつけました。お姉さんはびっくりして、泣きながら訳を話しました。「私たちにはお父さんとお母さんがいたんだよ。お前が生まれたころ、石狩川が海に流れ出るところの近くに、大きなトゥクシシ（アメマス）が出て、川をふさいでしまった。それでサケたちが上ってこれなくなってみんな困ってしまった。それで、ゆうかんな人たちがトゥクシシを退治しに行くことになってお父さんとお母さんも出かけて行った。でもそれきり帰ってこない。きっとトゥクシシに殺されてしまったのだと思うと悲しくて」

それを聞くと私はじっとしていられなくなりました。部屋のおくの宝物が置いてあるところ

金のマレクと銀のマレクを出していのる。銀のマレクは勇気を見せた

へいって、金と銀のマレㇰを見つけました。金のマレㇰに向かって「これから化け物トゥクシㇱをやっつけに行く。一緒に行ってたたかってくれ」とおいのりすると、金のマレㇰはカタカタカタとふるえはじめました。次に銀のマレㇰに向かっておいのりすると、銀のマレㇰはすうっと立ち上がりました。これなら大丈夫そうだと思ったので、そのマレㇰを持って石狩川に向かいました。

　川に近づくと、トゥクシㇱに殺された人たちのものか、あちらにもこちらにも、たくさんの人の骨がころがっています。見るとほんとうに、大きなトゥクシㇱが川をふさいでいました。私は力いっぱいマレㇰを打ちこみました。トゥクシㇱが少し体を動かすと、あっという間にこしのところまで川の中に引きこまれます。私も負けずに引っぱり返し、岸辺近くまで引き寄せます。そうして長い間引っ張り合いをして、とうとうトゥクシㇱをおかに上げてたおしました。

　それから辺りを歩き回って、お父さんとお母さんの骨を探しました。二人の骨を並べて、生き返らせるためのおいのりをしましたが、何も起こりません。よく見ると、小指の骨が1本足りないのでした。そこで、木の枝を折ってきて、骨の代わりに並べました。そうしておいのりすると今度はうまくいきました。

トゥクシㇱ（アメマス）とのたたかい。
勝ったのは男の子だった

　お父さんとお母さんは、目をこすりながら起き上がって「なんだ、まだねていたかったのに」なんて言っています。でもすぐに、トゥクシシとたたかって死んだことを思い出し「息子のおかげで助かった」といって泣いて喜びました。そこで、お父さんとお母さんと一緒にお姉さんのところへ帰り、それからは幸せに暮らしました。

タンペ エエラム アン?
これ知ってる?

マレㇰ（かぎもり）

マレㇰは長いさおの先に鉄かぎがついた道具です。かぎはさおの先を向いていて、これでサケをつきます。かぎはさおにほったみぞにはめこまれていて、サケにささるとさおから外れ、サケがさおの先にぶらさがります。大きなサケがいくら暴れても、かぎがぬけてしまうことはありません。

明治時代になりこの土地が日本になると、川でのサケ漁は禁止されました。同じころ、暮らしの中のいろいろなことが禁止され、中には和人の考え方に合わないだけで禁じられたものもあります。これからの社会では、アイヌがとりもどしたいと思う文化が復活していくと信じたいです。

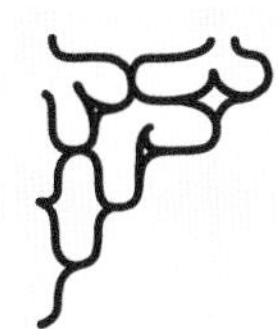
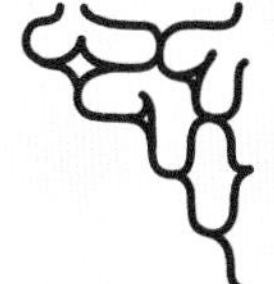

解説
ひかえめな存在が活躍

このお話はカムイユカㇻ（神謡）の一つで、リットゥンナという言葉を間に入れながら歌うようにお話しします。

主人公の男の子は、ただの子供ではなさそうです。大人たちでも負けるお化け魚をたおしてしまうし、魔法で人を生き返らせるし、おまけにむやみにおこりっぽい。アイヌのお話には、いちばん小さくて弱そうな子供が、じつはすごい力を持っていて大活躍する話が多くあります。金と銀のマレㇰでは、金の方がりっぱそうに見えますが、見た目の美しさよりも勇気を見せて戦ったのは派手さのない銀のマレㇰでした。これも「大したことない」と思われているものが活躍する話ですね。トゥクシシは川にすんでいて、食用にされてきた身近な魚です。でも、なぜかお話にはお化けとしてよく登場します。地面の下で地震を起こすのも大アメマス。和人のお話ならナマズですが。

妻の霊が歌う

渡島管内長万部町の話（吉田巌「アイヌ童話」より）

ある村の真ん中に仲のいい夫婦が住んでいました。妻は針仕事や炊事によく働き、夫は狩りに行ってはたくさんの獲物を持ち帰って、楽しく暮らしていました。

ある日、村の端に住むおくさんが訪ねてきました。みると、おこったような顔をしています。そして突然、「私とあなたと、これから命をかけて戦いましょう。勝った方が、この人を夫にするのですよ、さあ」と言い出しました。夫婦はびっくりしてしまって、あっけにとられていました。しかし、村はずれのおくさんは「さあ、勝負しろ」とせきたてます。その家のおくさんもとうとうがまんができなくなって、手近にあった

幸せに暮らす夫婦のもとに、村はずれのおくさんがやってきて戦いに

刃物を持ちました。見ると村はずれのおくさんは、着物の下にくさりかたびら（くさりでできたよろいのようなもの）を着ているので、自分も同じものを身につけました。そして、家のおくさんが「村はずれの人！一体そのけんまくはどうしたことですか。私の夫をめぐって勝負などとは。さあ私を殺してごらんなさい」とさけぶと、戦いが始まってしまいました。

どちらも刀をふるって、おそろしい取っ組み合いがつづきましたが、とうとう家のおくさんは殺され、その亡きがらは捨てられてしまいました。

すると、村はずれのおくさんは、今の今までおかしくなったかのようであったのに、急にわれにかえると自分のしたことにおどろいて「ああ、なんてことをしてしまった」と泣きだしました。しかし、死んでしまったおくさんを今さらどうすることもできません。結局村はずれのおくさんは、その家で暮らすことになりました。

それからある日のこと、夫が「どうも昨日は悪い夢を見た」と言いました。こういう夢を見たときは、よくないことが起こるので、お酒を造って神様においのりすることにしました。倉庫からヒエを出して、うすでついて、大きなたるに二つ三つお酒をしこみました。2、3日してお酒ができると、村中から親せきや親しい人を呼びました。夫は神様においのりをし、亡くなったおくさんにもお酒やイナウを供えて何事もないようにいのりました。

すると、家の屋根のけむりだし穴のところから白い雲のかたまりのようなものがフワフワと入ってきて上座のところに下りました。集まった人々はびっくりして、じっとその雲を見つめました。すると、それは先に殺されたこの家のおくさんの姿になり、今のおくさんのとなりにスーッと近づきました。そして口を開くとこう言いました。

「死んだあとで、初めて訳が分かりました。海に住む魔神の6兄弟の、一番下の弟が妻になる女性を探したけれど、神の世界には良いと思う者がいない。そこで人間界を見まわすと、私とあなたの二人を気に入った。どちらにしようか迷ったので、私たち二人に殺し合いをさせて、死んだ方のたましいを持ち去って妻にすることにしたのです。私はこのために死んで、魔神の妻にされてしまった。魔神のすみかはおいしいものも何もない。

人々が集まった時、白い雲のようなものが入ってきた。それは死んだおくさんだった

今日、こちらでお酒を造っておいのりをしたことがわかって、なつかしくて来たのです」と泣きながら話しました。村はずれのおくさんもそれを聞いて泣きました。夫はぼうぜんとしていましたが、大きな器にお酒を入れ、「満足のいくだけ味わいなさい」と言っておくさんに供えました。そうしてしばらくたつと、おくさんの霊は、美しい声で別れを悲しむ歌を歌い、立ち上がりました。村はずれのおくさんが泣きながらすがりつこうとしましたが、また雲となってけむりだ

おくさんは海の魔神のせいで死んだのだった。人々は同情して心からいのった

しから帰って行きました。
集まった人々はみななみだを流し、亡くなったおくさんを呼びながらお酒と料理をささげました。それから村はずれのおくさんは、いつもいつも心をこめてお供えをしたためか、その後は幸せに暮らしました。

タンペ エエラム アン?

これ知ってる?

ヤイサマネナ

学校で習う歌は、始めと終わりや歌う言葉も決まっていますね。ヤイサマネナ（即興歌）は、心にうかぶまま、言葉も長さも自由に決めます。ヤイサマネナという言葉をくり返したり、思いを詩にして入れたり。メロディーは一人一人ちがっても構いません。身近な人のメロディーをまねて歌ううちに、いつか自分らしい歌になっていきます。

ヤイサマネナは女性が歌うことが多いといわれ、出会い、お別れ、喜び、悲しみ、恋の歌など、歌う人それぞれの人生が歌われます。テンポの速い歌では一緒におどったり、静かな歌に聞き入ったり、楽しみ方もいろいろ。良い歌は多くの人たちによって伝承され、今でも受けつがれています。

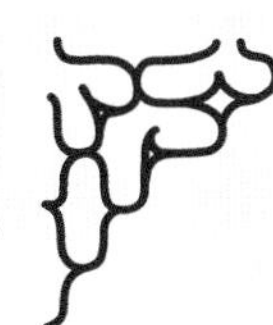

解説

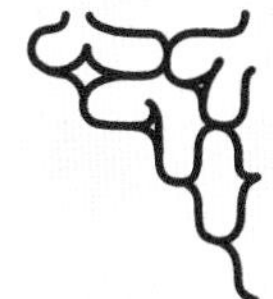

魔神が女性を操る

このお話は日本語のあらすじだけが残っていて、わかりやすくするために文をおぎないました。

はじめに村はずれの女性が突然刃物を持ってその家の女性におそいかかり、殺してしまうショッキングな場面があります。後半で、実は海に住む魔神が女性を操っておそわせたということがわかります。このようにカムイが人間を好きになると、その人を死なせて、たましいだけを連れ去って結婚するといいます。

死んだ人はあの世に行き、いつかまた生まれ変わりますが、カムイに連れ去られた人はカムイの世界に行ってしまいます。この不幸な女性は、親しい人々と別れ、ちがう世界に行く悲しみを歌で伝えたのです。ところで村はずれの女性の夫はどうなったのでしょうね。女性も人を殺してしまったのに、そのままその家に暮らすのも不思議です。元のお話では説明があったのかもしれません。

ハチの神の幸

伊達市有珠の話（吉田巌「アイヌ童話」より）

昔、ウラユシペッというところに、立派なおくさんと暮らす男の人がいました。この夫は狩りに行くと手ぶらで帰ることはなく、必ず2ひきや3びきの獲物を持って帰りました。おくさんは畑作りを一生懸命にし、いつもおいしいものを食べて暮らしていました。

ある時、外に人の気配がするので、おくさんが様子を見に行くと、白い小袖を着て銀のたばこ入れをさした、見たこともない男が立っていました。どことなくおそろしげな男でしたが、家の中に案内すると夫にあいさつをして話し始め、そのままとまっていくことになりました。それから何日たってもその男は帰ろうと

ある日、立派な身なりだがあやしげな客がやって来た

しません。何をしたいのかはっきりしませんし、それにおくさんをじっと見ていることがあるので、夫はだんだんあやしく思うようになりました。

そこで夫が「今日は一緒に狩りに行きませんか」とさそうと、男は喜んでついてきました。歩き慣れた山を通って、がけのところまで行くと、向こうの斜面に大きな穴があり、おそろしげな音が聞こえています。「あの中にいるものをしとめてみましょう」と言うと、男は「では私から」と言って小袖をぬぎ、銀のたばこ入れを小袖に包んで穴のおくへ入っていきました。

するとすぐに戦いが始まり、おそろしい音がしました。そして、男はそれきりもどってきませんでした。夫は男が持っていた小袖とたばこ入れを持ち帰り、あらためて見てみると、それはたいそう立派な物でしたので、大事にしまっておくことにしました。

すると、またある日、戸口のところでだれかがせきばらいをするのが聞こえます。見ると、前と同じように白い小袖を着て、銀のたばこ入れを持った男がいます。それも今度はそっくりな男が二人立っているのでした。おくさんはおどろきましたが、夫を訪ねてきた者なので中に入れるよりほかありません。家の中にむかえ、男たちは前と同じように夫とあいさつすると、何をするでもなく何日も何日もとどまって帰りません。そして、ふとした時におくさんを目で追うのです。そこで夫は、前と同じように二人を狩りにさそうと「それでは連れて行ってもらいましょう」と喜んだので、

がけにあいた穴にあやしい客をさそいこむ。中では激しい戦いが

一緒に山に行きました。

前と同じがけのところに来て、「あの穴の中でおそろしい音を立てているものをしとめてみましょう」と言うと、二人はさっそく小袖をぬいでたばこ入れをそれに包んで穴に入り、それきりもどってきませんでした。夫は二人の持ち物を持って家にもどりました。

何日かしたころ、夫がねていると神が現れて、「私はハチの神だ。この下界にコシンプクという魔物の6人兄弟がいる。その一番下の弟がおまえの妻にほれて、うばいに来たのだ。おまえがさそい入れた山のほら穴は私の家だったのだ。そこで魔物をさし殺してやった。すると、コシンプクの兄たちが弟を探してやって来たので、また始末しておいた。彼らの持っていた小袖とたばこ入れはまたとない宝で、持っていても心配はないから持っているがよい。残った兄のコシンプクは、私がおさえつけているから何もおそれなくてよい。この先もおまえたち夫婦を守ってあげよう。お酒やおいしい料理ができたときは、少しでも私にささげてくれ」と言いました。

目が覚めてこのことをおくさんに話すと、なんとおくさんも同じ夢を見たというのでした。二人は大喜びし、もうあのような気味の悪い客は来なくなりました。

夢にあらわれたハチの神が、男たちの正体を知らせた

それに、とても見事な宝も手に入りました。それからは、お酒やおいしい料理ができた時にはハチの神をおまつりし、幸運をいのりました。その通りに次々と幸運にめぐまれました。やがて夫婦は年を取り、子孫たちに「ハチの神を大切に。いつもまつることを忘れないように」と言い残してこの世を去りました。

タンペ エエラム アン?

これ知ってる?

コソンテ（小袖）

日本語の小袖をアイヌ語に取り入れたもので、コソントともいいます。ほかに清朝（現在の中国東北部に中心があった国）からも絹でできた晴れ着がサハリンを通って伝わりました。コソンテやコソントは、やがてこうした立派な着物を指すようになり、中国製のものはマンチウコソント（満州の小袖）などと呼ばれました。

えらい神様もコソンテを着ています。例えば私たちの目にほのおに見えるのは火の神様の着物で、6枚も重ね着して帯をしめ、その上にも6枚のコソンテを羽織っているといいます。火のぬくもりが神様の着物だなんてロマンチックではありませんか?

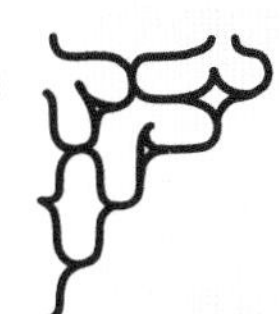

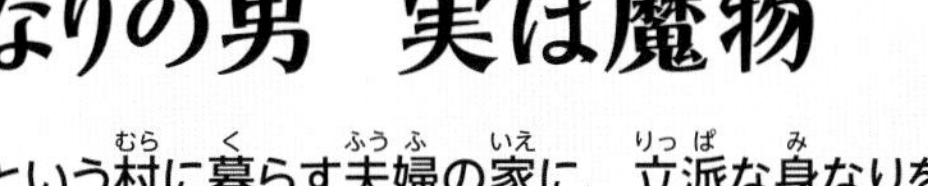

解説

立派な身なりの男　実は魔物

このお話は、ウラユシペッという村に暮らす夫婦の家に、立派な身なりをした男が訪ねてくるところから始まります。

たばこ入れは、パイプと刻みたばこを入れる箱のセットです。かざりのついた立派なたばこ入れは、正装（よそ行きのきちんとした服装）の一部でした。

さて、こんな立派なお客ですが、どうも様子がおかしい。実は正体はコシンプクという魔物でした。コシンプクは海や山にすみ、とても美しい顔をしていて、会った人をくるわせてしまうといいます。

あやしんだ夫は山に連れ出して殺してしまいます。といっても、夫は穴の中に何がいるのか知らなかったようです。殺すつもりはなくて、なるべく家から遠ざけようとしたか、それとも、ハチの神が夫の心を操って呼び寄せたのかもしれませんね。

幸福の小鳥

伊達市有珠の話（吉田巖「アイヌ童話」より）

あるところで、子供が小鳥を飼っていました。子供は毎日小鳥の世話をし、大切にしていました。小鳥はえさをもらうと外に遊びに行き、夜にもどるという暮らしでした。

ある日、子供は船でつりに出ました。ところが、少し前まで晴れていたのに、急に深いきりがかかって辺りが暗くなり、風もふいてきました。このままでは帰る方向がわからなくなるし、風で船が流されてしまいます。子供はあわてて船をこいでもどろうとしました。すると、きりのおくの方から「おーい、おーい」と声がし、だんだん近づいてきました。子供は一生懸命

小鳥を飼っている子供。ある日一人でつりに出かけた

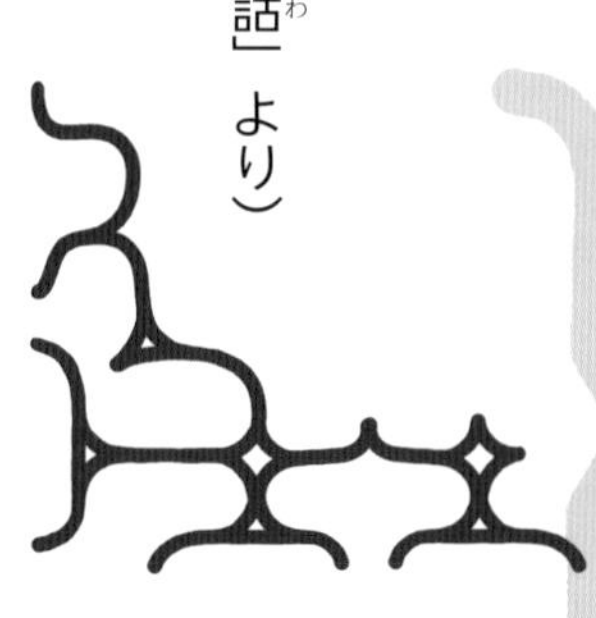

に船をこいでいましたが、声はまだ聞こえるので、「海のお化けが人をつかまえようとしているのだろうか」と思っておそろしくなりました。

その時、船の行く手の大きくもり上がった波の向こうに、角を生やした一つ目のお化けがぬーっと出てきました。そして「待たんか。いくら呼んでも返事もしないとは」と大声をあげながらにらみました。子供はおどろいて動けなくなってしまいました。お化けはにやりと笑うと、船のかいを取り上げて、代わりにスイスイとあら波をわたり、岩でできた島に子供を連れて行きました。

その島にはお化けの家がありました。家の外や中には、あちこちからさらわれてきた人間たちが干し魚のようにつるされていて、いろりには、まだ血がしたたっている人間の肉が焼かれています。子供は自分もこうやって食べられてしまうのだとおびえていました。

見ると、いろりのそばに、一つ目お化けの子がいました。いろりでは人の肉を焼いていて、お化けの子はその焼け方を見ながら番をしていました。大きいお化けは「この子供もしっかり焼いておけ。もう一回仕事をしてくるから、にげられないようにしろよ」と言って子供をなわで柱にしばりつけると、また出かけていきました。

子供はこわくてしかたがありません。ふるえていると、まどのところに何かやって来ました。それは子供の飼っている小鳥でした。小鳥は話をするのが上手で、

お化けにつかまった子供。そこへ小鳥が助けに来た

お化けの子に話しかけて、お化けの家の宝物を見せてくれるようにうまく言いくるめました。お化けの子は得意になって、ほこらしげにたくさんの宝物を出して、数えてみせました。その間に、子供はなわからぬけると、宝物を数えるのに夢中になっているお化けの子をしばり、宝を持って一目散ににげだしました。

やがて大きいお化けが帰ってきました。家に入ると、自分の子がしばられて泣いています。おまけにさらってきた人間の子供はいませんし、大切な宝物もなくなっているではありませんか。お化けはおこって、おそろしい速さで走りだし、子供を追いかけました。

子供は小鳥の後について必死ににげていました。海に出て船に乗り、もうすっかりにげきったと思ったとき、だんだんお化けが追いついてきました。そのとき、小鳥が「その糸玉を投げなさい」と言いました。そこで、宝の中にあった糸玉を海に向かって投げました。

不思議な宝物の力でお化けからのがれた

すると海の中に大きな山ができました。これでもう大丈夫かと思いきや、お化けは平然と山を乗りこえてせまってきます。次に小鳥は「刀をなげなさい」といいました。宝の山から刀をひとふり取って投げると、今までかかっていたきりがパッと晴れて、光がさしました。すると光を浴びたお化けは消えてしまいました。

あのおそろしいお化けも、日の光には勝てなかったのです。
さらわれて亡くなった人たちは気のどくでしたが、子供は小鳥を大事に育てていたおかげで、あぶないところを助けられました。そして、思いがけなく手に入れた宝物で裕福になりました。

タンペ エエラム アン？

これ知ってる？

鳥のカムイ

北海道のアイヌ民族が昔、クマを飼っていたことを知っている人は多いでしょう。ほかにもキツネやタヌキも飼っていました。そしてフクロウ、タカ、ワシ、カケスといった鳥も。1643年に北海道などを航海したオランダ人フリースは、樺太東海岸の村に立ち寄った際、家の中でワシが飼われているのを見ました。

動物を飼う理由は、主にカムイとの間に固いきずなを作るためです。鳥の神は獲物や雄弁さ（上手に話す能力）を授けてくれたりと、いろいろなご利益があると考えられてきました。また、ワシやタカの羽は重要な交易品にもなりました。

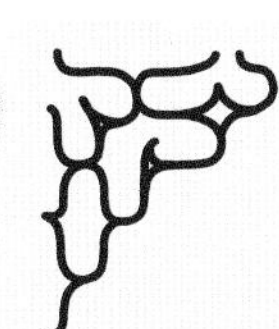

解説

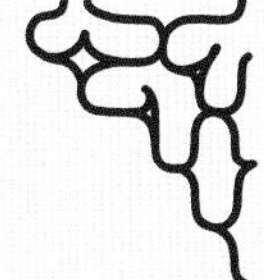

魔法アイテムでピンチ脱出

このお話は、日本語のあらすじだけが残っています。わかりやすくするため文章をおぎないました。

子供は小鳥を放し飼いにしていましたが、多くの場合はかごを作ります。小鳥も神様なので大切にします。この話でも、小鳥をかわいがっていたかいがあって、子供のピンチに助けに来てくれました。お化けの家にとらわれたとき、小鳥が来てくれて子供は心からほっとしたことでしょう。といってもピンチには変わりありませんが、その後は小鳥の思いがけない活躍で救い出されました。

子供がにげるとき、魔法のアイテムを投げて助かります。日本の「三枚のお札」の話にも似ていますね。こうしたストーリーは和人をはじめ世界のあちこちの民族にみられます。いろいろな文化には、おたがいにちがうところもありますが、昔話の展開は似ているところもたくさんあるのです。おもしろいですね。

カラスの恩返し

樺太西海岸鵜城村の話（「和田文治郎樺太アイヌ説話集」より）

ある村に一人の若者が暮らしていました。毎日魚をとっては、干し魚を作りました。ところが、エトゥフカ（カラス）たちが飛んできて、干した魚をみなぬすんでいってしまいます。また魚をとってきて干しておくと、また全部ぬすんでしまうので、若者はすっかり困ってしまいました。こうなってはエトゥフカを退治するしかないと考えて、ある日、魔物をたおす棒を作り、それを持って出かけました。

山に向かって歩き、手前に見える山と、おくにかくれて見えない山の間を登っていくと、大きな家がたっていました。戸を開けて入ると、中にムシロをつり下

魚をとって干し魚を作っていると、カラスがみな持って行ってしまう

げた戸がありました。それをめくると、またムシロがあります。それをくぐるとまたムシロがあります。それもくぐって中に入ると、いろりのそばに大きなしらがのおばあさんがいました。おばあさんは、まつげが、ろのふちにつきそうなほどつっぷして、いねむりしています。足でこづいてやると、ちょっと目を覚ましたのかモゾモゾ動きました。そうして何度か足でこづいても、やっぱり起きません。エトゥフカたちの姿が見えないので、若者は部屋のすみにかくれました。

夜になって1羽のエトゥフカが帰ってきました。エトゥフカは、口にマハクル（魚の身だけを干したもの）をくわえていました。それをおばあさんにわたすと、おばあさんは部屋のおくにしまいました。次に魚の頭をくわえたエトゥフカが入ってきて、おばあさんにわたし、おばあさんはしまいました。また1羽が入ってきて、プイ（エゾノリュウキンカ）という草をわたしました。また1羽が入ってきてトドの肉をわたしました。また1羽が入ってきて魚のしっぽをわたしました。

そうして、家の中はエトゥフカでいっぱいになりました。みんなで食事を始めたところで、おばあさんがこう言いました。「今朝、カムイだかアイヌだかわからないが、入ってきて私をけとばした者がいる。今日は何かあるかもしれないから、みんな気をつけてねなさい」。やがて、いろりの火も消えて暗くなったところで、若者は飛びだしてエ

カラス退治に山に行くと、カラスに食べ物を集めさせるおばあさんがいた

トゥフカたちをみんな退治しました。すると、最後に残った2羽が「助けてくれたらきっとお礼をします。助けてください」と言うので、若者はこの2羽を許して帰ることにしました。

帰りの山道で、犬を連れたオヤシ（人食い化け物）に出会いました。オヤシが「おまえはどこから来た？」と言うので、若者は訳を話しました。オヤシは耳が遠く、何度も「ホ？　ヘマタ？（あ？　なんだって？）」と言うので、「エトゥフカの村をやっつけた！」と大きい声で言うと、「なんだと！」とおこりだしました。若者はにげだして河原に生えていた木に登りました。下ではオヤシがおので木を切り始め、犬は大口を開けて若者が落ちてくるのを待っています。するとそこへ2羽のエトゥフカが飛んできて、犬の口に何かを落とすと、犬は死んでしまいました。

次に1ぴきのキツネが現れて、オヤシに「手伝うからおのを貸せ」と言いました。オヤシがおのを貸すと、キツネは木を切るふりをして川へおのを捨ててにげました。オヤシはおのを拾いに行き、また切ろうとすると、今度はウサギが来て手伝うと言います。オヤシがおのをわたすと、切るふりをして川へ投げこみました。オヤシはおこりながら拾いに行き、川の深い所で足をすべらせてしまいました。そのまま流されるうちに、

おばあさんのなかまの化け物に追いかけられる。そこへ助けたカラスが

木の枝に腹が引っかかってやぶけてしまい、カエルだのヘビだのおわんだのおぜんだのいろいろな物をまきちらして死んでしまいました。それを見て、若者は安心して帰りました。

タンペ エエラム アン？

これ知ってる？

干し魚

明治時代よりも昔の暮らしでは、イトウやマス、サケをよく利用しました。夏に川を上ってくるマスをサキペ（夏の食べ物）やヘモイといいます。樺太では秋になると上るサケをチュフチェヘ（秋の魚）、北海道ではチュクチェプといいます。

魚は、周りの民族との交易で商品にもしました。マスが上る季節はまだ暑くて、干しただけではくさってしまいます。そこでイマ（さっと焼いて水気を飛ばす）してから干します。この時期は川のそばに小屋を造ってねとまりし、イマの仕事をしました。こうした場所をイマチセ（焼き干し小屋）、イマコタン（焼き干し村）と呼びました。樺太では、魚の身を皮についた部分と身だけそいだ部分に分け、皮つきのものをサハペ、身だけをマハクルと呼びました。

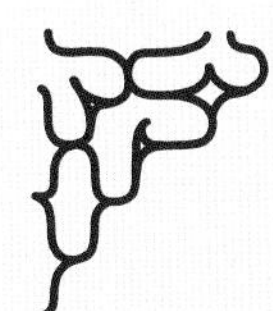

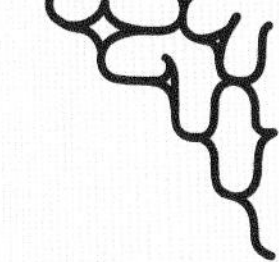

解説

いたずらしても憎めない

このお話のように、カラスがいたずらしたり、失敗したりする話は、あちこちに残されています。そのため、カラスにはいたずらものの困ったやつ、というイメージがあります。その反対に、太陽が魔物に飲みこまれそうになったとき、カラスが助けたという話があり、だから「カラスの悪さは大目に見よう」とも言われています。

今回はカラスのいたずらから話が始まりますが、いちばん悪いのはカラスに食べ物を集めさせていたおばあさんかもしれません。その後に出てきた耳の遠いオヤシ（化け物）は、おばあさんの仲間だったので、若者を追いかけ始めました。若者はピンチになりましたが、助けてやった2羽のカラスによって今度は助けられました。最後はキツネとウサギの協力で、助かりました。この2ひきも、カラスたちが呼んだのかもしれませんね。

宝の玉

釧路管内鶴居村下雪裡の話（八重九郎さんの語り〈国立民族学博物館所蔵〉より）

あるところに一人の若者が暮らしていました。若者は、とてもよく切れるマキリ（ナイフ）を持っていて、そのマキリでマツヤニ（マツの樹液が固まったもの）をとりためては、売りに行く仕事をしていました。ある日また山に行くと、大きなクマがいるのを見つけました。「おやおや」と思って見ると、クマのそばの木の枝には、大きなシマフクロウがいました。よく見ると、クマの横には大イヌ、その横には大アリが座っていて、4ひきの前には大きな大きなメスジカがたおれています。シマフクロウ、クマ、大イヌ、大アリは難しい顔をしてメスジカをじっと見ていました。不思議

シカを前に、難しい顔のクマ、イヌ、アリにシマフクロウ

に思ってものかげから若者が見ていると、シマフクロウの声が聞こえ「若者よ、かくれなくてもよい。おまえがここに来たのは偶然ではなく、私が呼びよせたのだ。たのみがあるからこっちへ来てくれ」と言います。

若者がおそるおそる出ていくと、シマフクロウはこう言いました。「私はさっきこのシカを見つけて、喜んで食べようとした。ところが、このクマもイヌもアリも、やはりここを通りかかってシカを見つけたのだ。だれが一番に見つけたのか話し合おうとしたが、みな自分が一番だと言うし、分ける方法がなくて困っている。そこで、おまえがなんとかしてくれないか」

若者は考えて、マキリでシカを切り分け、「頭は大アリに、後足2本はシマフクロウ、内臓は大イヌ、体と前足はクマにあげましょう」と言いました。4ひきは大喜びで食べ始めました。食べながらシマフクロウがブルッと体を動かしたかと思うと、何かがポトッと落ちました。若者が受け取ると、それはシマフクロウ・クマ・イヌ・アリがえがかれた玉でした。シマフクロウは「その玉はお礼にやろう。持っていれば、クマやイヌに変身できる」と言い、「ここからずっと行くと、窓も戸口も北側だけについた屋敷がある。そこの者たちが今困っているから、この玉とおまえのそのマキリで助けてやってくれ」といいました。

そこで若者が「イヌになれ！」と言うと、本当にイヌになれました。イヌの速足で走って行くと、聞いた通り戸口も窓もみな北にだけある屋敷がありました。屋敷の住人やお手伝いの人たちがあわてて出入りしているので事情をきくと、「この家のむすめは本当に美人なんだ。むすめのことが知れると神にさらわれるかもしれないから今まで一度も外に出さなかった。太陽神にすら見せないように、戸口も窓も北側だけに作ったのだ。ところが、すっかり大きくなったので外に出てみたら、あっという間に魔物にさらわれてしまった」と言います。

魔物がにげた方には、大きな物を引きずったようなあとが続いています。またイヌになって魔物を追って走っていくと、足あとは大きな湖の中へ消えていました。若者はクマになって大きな岩を持ち上げ、「この悪いカムイめ、大事なむすめさんをさらうとは。退治してやるから出てこい」とさけんで湖に大岩を投げこみました。すると湖のまん中で水がもり上がり、湖の端から端にとどくような巨大なヘビがでてきました。魔物は大きな口を開けて若者に飛びかかったので、若者は急いでアリに変身し、口の中に飛びこみました。魔物の腹の中に一筋のみぞがあって、そこだけは弱くて切ることができるとシマフクロウから聞いていました。そのみぞにマキリをつき立て、腹を切りさきながらおくへ向かって走っていくと、美しいむすめが丸くなっていました。若者はむすめをかかえたまま腹をさきながら走り、外へ飛び出しました。そして岸辺でむすめをかいほうすると、どうにか息をふき返したのでした。むすめをおぶって家に連れて帰ると、両親はとても喜んで「むすめ

不思議な屋敷のむすめがさらわれた。家の人たちは大わらわ

シマフクロウにもらった玉とマキリで魔物と対決

と結婚してこの家にいて欲しい」とたのみました。若者は「そんなつもりで助けたのではない」と遠慮していましたが、どうしてもとたのまれてむすめと結婚し、その村の村長になって幸せに暮らしました。

タンペ エエラム アン?

これ知ってる?

マキリ

小刀・ナイフのこと。アイヌ民族が日常生活の中でもっとも使用してきた小刀で、男女ともにこしに下げて常に持ち歩いていたものです。マキリのさやは、トペニ（イタヤカエデ）やネシコ（クルミ）の木、動物の骨などで作られ、美しい装飾がされます。マキリは彫刻や魚の解体、調理や儀礼などいろいろな目的で使用してきましたが、用途によってマキリの種類を分け、使い分けをすることもあります。

マキリはときに、男性が女性にわたすプレゼントにもなります。丁寧に気持ちをこめて作ることで、相手への思いとものを作る腕前（生活力）が伝わります。女性が受け取ったマキリをこしに下げてくれれば求愛を受け入れたことになります。ロマンがあってすてきです。

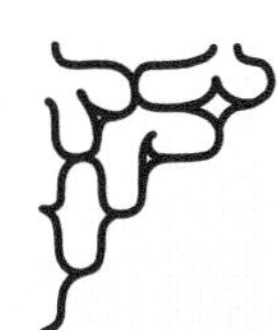

解説

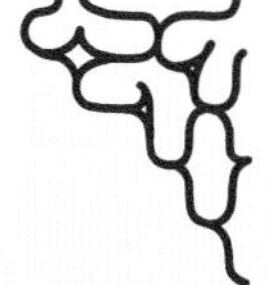

自ら動物に変身　めずらしい

今回しょうかいしたのは、カムイにもらった不思議な玉を使って動物に変身する話でした。動物が人間に化ける話はたくさんありますが、人間が動物に変身する話というと、例えば心がけの良くない者が、カムイのばつで鳥やカエルに変えられてしまうとか、魔物によってコケのような姿にされてしまう、といった話が多いようです。

人間が自分から動物に、それも自由に変身する話はめずらしいと言ってよいでしょう。この話を語った八重九郎さんの伝承に、オスジカの角がついたよろいを着てシカに変身して悪者と戦う話もあります。樺太では女性が結婚する相手の神通力や優しさを試すため、わざとイヌやトドに変身する話もあります。もう一つ面白いのは、若者の「マツヤニを集める仕事」。マツヤニは接着剤や薬に使います。もしかすると商売相手は和人かもしれません。

クリおどりの試験

渡島管内長万部町の話（吉田巌「アイヌ童話」より）

むかし、モンサムという村に一人の女の子がいて、お母さんからとてもかわいがられていました。だんだん大きくなったある日、お母さんは「おまえがまだ赤ちゃんのころから、結婚の約束をしている人がオタサム村にいる。その人のところに行って、水くみやすい事、たきぎとり、縫い物など、女の仕事をして一緒に暮らしなさい」と言いました。

　女の子はうれしくて、きれいな着物や身の回りの物をきれいなゴザに包んで背負い、お母さんに別れをつげると海にそってオタサム村に向かいました。途中で、がけのかげから一人の女が出てきました。みると、桜

結婚相手に会いにオタサム村へ向かう。
途中で見知らぬ女に呼び止められ…

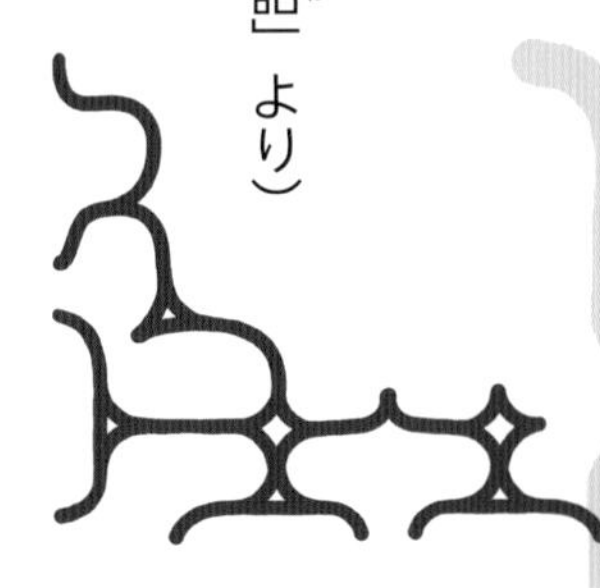

の皮をニンカリ（耳輪）の代わりに下げ、にこにこしながら「どこへ行くの、少し休んでおいき」といいました。その親しげな様子に女の子も気を許し「ありがとう、休んでいきます」と木の切り株に座りました。

その女は「少しねなさいな」というので、言われるまま少し目をつぶりました。気がつくと、さっきの女がいません。それに大切な荷物もありません。そして女の子の耳には桜の皮のニンカリが下がっていました。しかたなく、泣きながらそのままオタサム村に向かうことにしました。

オタサム村はとても大きな村で、中央にひときわ立派な家がありました。ここが目指す家らしいので、戸口のところにいると、中から小さな女の子が出てきました。そしてまた中にもどり、「みすぼらしいむすめが来ていますが、入れて良いですか」と中の人に聞いています。家の人が「身なりは関係ない。用事があって来た人なら案内しなさい」と言うのが聞こえました。小さな女の子は「みっともないむすめ、入りなさい」とぞんざいに案内しました。

くやしくなりましたが、がまんして中に入ると、先ほど荷物を持ち去った女が、勝手に晴れ着を着て、金のニンカリをつけてすました顔をしていました。家の中には村の人々が大勢集まって、これからお祝いが始まるところのようでした。女の子は「さては私になりすまして結婚する気だな」と気がつきました。結婚

家の中では、さっきの女が、ぬすんだ着物を着て花よめになりすましていた

相手の若者は、女の子をながめて「先に来たむすめと後から来たむすめのどちらが結婚相手だろう。見分けがつかないぞ」と首をひねりました。すると着物をぬすんだ女が「いま来た者はやせギツネが化けたものでしょう。だまされてはいけません」とうそをつきました。くやしくて仕方がありませんが、何と言ってよいのかわかりません。

すると若者は「よし、私の結婚するむすめはクリおどりが得意だと聞いた」と言って、私たちにおどり比べをするように言いました。

女の子がおどると、そでから大小のクリが転がり出た

女の子はそれならばと、さっそくおどり始めました。するとそのおどりのみごとなこと。それに左右のそでから大きいクリや小さいクリがバラバラと落ちて転がるので、集まった人々はたいそうおどろきました。

次に悪い女の番になりましたが、困った顔をするばかりで、いくらせかしてもおどりません。人々があやしく思って立たせても、ウロウロするだけで何もできません。みなでせめると、なんとキツネの姿になって「モンサムの女より先回りして、オタサムの者と結婚しようとしたのに、くやしい」とさけびました。若者や人々はおどろいて、燃えているたきぎを取り、キツネをなぐって退治しました。

女の子は川に連れていかれ、キレイな水をそそいで清められ、結婚のお祝いをしました。それからたいへん仲良く暮らし、子供も生まれて幸せになりました。子孫の代になってから「悪いキツネの霊になやまさ

れたことがありましたが、災いをきりぬけ平穏に暮らしました。こういうこともあるので、男性も女性も結婚相手のところに向かうときは、一人で行ってはならないよ」と語り残したということです。

タンペ エエラム アン?

これ知ってる?

ニンカリ

輪の形をした金属製ピアスのこと。交易で手に入れる物で女性も男性も子供のうちからつけましたが、明治政府は男性がニンカリをすることを禁止しました。

ふだんはニンカリではなく赤い布を通して下げていました。明治時代の様子を書いた本には、コクワやヤマブドウのつるで作った輪の話があります。これらは神聖な力をやどした植物で、つるをニンカリにすることで、その生命力をもらうことができるとか。

子供が幼いうちに親同士が結婚を決めるいいなずけの習慣がありました。いいなずけ同士は、一組のニンカリを片方ずつ持つことがあったと言います。

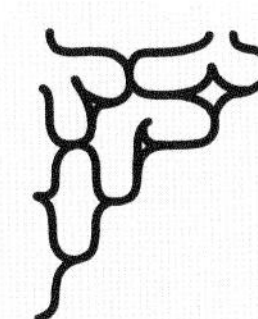

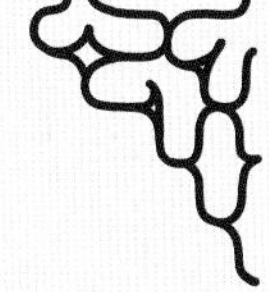

解説

にせものに化かされたら…

これは渡島管内長万部町に伝わってきたお話です。このように魔物が女の子になりすまして、美しい男性と結婚しようとしたものの、おどり比べで正体を現す話が日高地方や樺太にもあります。樺太の話では、女の子の手からくしにさした団子や干し肉がおちます。なぜ手から食べ物が出るのかは、はっきり語られていないのでわかりません。不思議な話ですね。

このほかにもアイヌ民族やニヴフ民族の話では、キツネが悪さをしたり人を化かしたりする話がよくあります。日本の話でも、キツネは人を化かします。昔は、夜中に見慣れない客が来ると、キツネが化けていないか確かめるために、それとなく干した筋子をすすめたといいます。人間だったら歯についた筋子をつまようじや手で取りますが、キツネは足（後足）の指でほじるので、すぐわかるというわけです。動物のしぐさを観察する中で生まれた考え方です。

墓あらし

日高管内平取町ペナコリの話

（国立国語研究所「アイヌ語口承文芸コーパス」より）

私は村の下手に住む貧しい若者でした。村の上手にも貧しい若者がいました。ある時、村長のおくさんが亡くなったと聞きました。そのおくさんは、マチコロ（女性の宝＝アクセサリーなど）の入ったマッスウォプ（女性用の立派な箱）を持っていました。村長は「うちには子供がいないのでこれを受けつがせることもできないし、私が持っていても仕方がない」と言って、おくさんのお墓にその宝箱をいっしょにうめたという話でした。

すると、村の上手の貧しい若者がやってきて「村長は墓に宝物をうめたらしい。それをほり出そう。マ

村長のおくさんが持っていた宝の箱。貧しい若者がぬすみ出そうとする

チコロを持っていれば、おれたちのような貧乏人でもおよめさんくらいはもらえるだろう。いっしょに来い」と私をさそいました。お墓をほるだなんて、聞いただけでもおそろしい。私は「おそろしいし、マチコロも欲しくない」と断りました。それでも上手の若者は聞き入れず「そばで見ててくれればいいから。宝物が手に入ったら分けてやるから」としつこくさそうので、しぶしぶついていくことにしました。

途中何度も「マチコロなど欲しくないから」と言いましたがとりあってくれません。やがて墓に着き、本当に墓をほり始めたので、おそるおそる遠くから見ていました。

上手の若者が夢中で墓をほっていると、急に墓の中から何かがだきついてきました。なんと、死んだはずの村長のおくさんが動き始めたのです。上手の若者はだきつかれたままにげ出せず「助けてくれ！」とさけび声をあげますが、私はおそろしさのあまり動くこともできません。するとさわぎを聞きつけて、村の家々にあかりがつきはじめました。村長の家にもあかりがついたので、このままかくしていることもできないと思い、ふるえながら村長の家に行きました。

おくさんの遺体にだきつかれ絶体絶命。村長たちは落ち着いてまじないをした

ありのままを話すと、村長はおこりながら「いろりのそばへ座れ！」と言いました。どうなるのだろうと思いながらいろりのそばに行くと、なんと食事を作って私に食べさせてくれました。それから外へ出て、村中に声をかけました。そして墓へ行くと村の全員で列を作り、刀やつえを持って大きな声でおまじないのさ

けび声をあげました。すると、奥さんの遺体は手をはなし、上手の若者は墓からぬけ出すことができました。

そこで村長は墓を元通りにし、上手の若者をさんざんにしかったあと、村長の家にもどりました。私もいっしょに来るように言われました。村長は「食べ物を集めて料理をし、もう一度妻にいのりをあげれば、それで妻もあの世へ行くことができる」と言ったので、みなが食べ物を持ちよりました。

村長はおくさんに向かって「貧乏な若者のいたずらで、あなたははじをかかされたが、迷わずにあの世へ行ってほしい」とおいのりをしました。みなが帰ろうとすると、村長は「この若者を私の家において家の手伝いをさせようと思うが反対か」とたずねました。村人は「いいですとも。悪事を手伝わず知らせに来た心の良い者ですから」と言いながら帰っていきました。

すると村長は、私のかみを切りそろえ顔をきれいにし、上等の着物を着せてくれ、神様に向かって私のことを「息子です」と知らせました。それから「料理はこうするのだ、食べ物とはこう作るのだ」と教えてくれ、それからは水くみもまきとりも覚えました。山に行くと山の神様に「私の息子です」と言っていのり、仕掛け弓をかけるときは「これは息子の弓です」と言いながら仕掛けました。私の弓のほうがたくさんの獲物がかかり、村長は「何をするのでも、息子が覚えてするのはうれしいものだ」と喜びました。

私は村長を父と呼び、よく働きました。結婚をし、

自分の子になるようにすすめる村長。若者は初めて普通の暮らしができた

子供も孫も生まれました。子供たちに「貧しく生まれ、父も母もなく人をうらやんでいたが悪いことはしなかったので村長が育ててくれ今は幸せだ。良い心を持ち、先祖を大切にするように」と言い残しました。

タンペ エエラム アン?

これ知ってる?

マチコㇿ

アイヌ文化にはたくさんのアクセサリーがあるのを知っていますか？　おしゃれが好きなこともあり、いろいろなものを身に着けます。アイヌ語ではマチコㇿと言い、女性の宝と呼ばれていました。

たとえば伝統的なものではニンカリ（ピアス）、レクトゥンペやタマサイ（首かざり）、テクンカニ（ブレスレット）やアシケペトゥンカニ（指輪）などがあります。タマサイは大きな金属製の円盤がついたネックレスのような形をしていて、レクトゥンペはチョーカーのような形をしています。ニンカリやアシケペトゥンカニは、男性も身に着けていました。

マチコㇿはフチトゥレンペ（女性の一族を守る神）とも言って、母から娘へと受けつがれるお守りのような役目も果たしました。

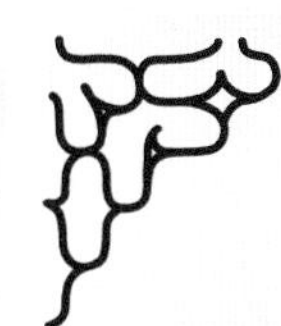

解説

欠かせないご先祖へのお供え

今回は、少し怪談めいたお話。みなさんは毎年おぼんにお墓参りをしますか。私はアイヌ式と和式のお参りをします。アイヌ民族も今はお墓参りをしますが、かつてはお墓は不吉な場所として、お葬式いがいは近づきませんでした。といっても、もちろん亡くなった人へのお供えはします。家の裏においのりをする場所があって、そこでご先祖へのお供えもするのです。

亡くなった人は、死後の世界へ行って生前と同じ暮らしを続けます。食べ物は子孫から送られるお供え物がたよりです。だからお供えを欠かしてはいけないのですね。食べ物だけでなく、生前に大切にしていたものも、お墓に入れたり燃やしたりして、あの世へ送り届けることができます。

村長は、奥さんが大切にしたものを持っていけるように、一緒に埋めました。亡くなった人の気持ちを思えば、お墓を掘り返したりしてはいけないのです。

秋の祭り

アイヌ語では、1年をサクパ（夏の年＝春夏）とマタパ（冬の年＝秋冬）の二つに分ける言い方があります。秋はマタパの始まりにあたり、コタン（村）の人々が集まって、祭り（コタンノミ）をし、冬の間の幸福と安全をいのります。ノミは「い

のり」という意味です。

祭りの間は、静かな時間とにぎやかな時間が交互にやってきます。祭りの数日前から大勢の人が集まって、ワイワイと料理をしたり、イナウをけずったりします。団子の粉を作る人は、きねつき歌のリズムで粉をつきます。木の実のペーストを作る人は、木の実に「目をつぶりなさい」と歌うように語りかけ、実をつぶします。歌とともに準備が進みます。

いのりが始まると、みんな静まりかえり、歌うようないのりの声だけがひびきます。長いいのりが終われば、昔話と歌、おどりの時間です。シーンとはりつめた空気が、一転して笑顔と笑い声であふれます。はじめにエカシ（おじいさん）とフチ（おばあさん）がタプカㇻという特別な歌とおどりをひろうします。

歌とおどり、昔話はつかれてねむくなるまで続きます。おどりには自然のようすを表したもの、ゲームのようなもの、体力比べや芝居のようなものもあります。

十勝管内本別町には「どんな歌でもおどりでも雲の上までのぼっていって、カムイ（神様）たちが聞くものだ。だから決してデタラメに歌ったり、おどったりするものではない」という言葉があります。

人々の輪の中に、見たことのない、しかし、おどりが特別上手な人がいて、実はそれは人の姿に化けた「なべ」のカムイだったという昔話もあります。歌やおどりもカムイへのおもてなし。だからみんな楽しみながらも真剣なのです。

《関連動画を見つける「キーワード」》

ミンタラ　秋の祭り

探し方は10ページを見てね

こちらにどうぞ

アイヌ民族の大人インタビュー

楽器にふれて、たくさん遊んで

山内絵美莉さん ＝1996年生まれ
●トンコリ（五弦琴）奏者、保育教諭

——イランカラプテ（こんにちは）。胆振管内白老町ご出身でしたね。

はい。中学まで白老で、高校は苫小牧でした。

——トンコリを覚えたのは小学生の時で、今は講座を開くこともあるとか。

たしか4年生の時ですね。楽器はムックリしか知らなかったので、やってみたくて。週に1回くらいの練習でしたが、楽しくて、両親にたのんで私用のトンコリを用意してもらいました。5年生の時に白老町でアイヌ文化フェスティバルがあって、声をかけてもらい演奏しました。同じクラスにやってみたいという子がいて、二人で。母が大急ぎで二人分の衣装を用意してくれました。両親はこういうことをやると、すごく応援してくれました。

——ご自身もアイヌ民族ということは、いつからご存じでしたか。

実は最近まで知らなかったんです！ あるきっかけで親に聞いて「やっぱりねー、そうかなーと思ってた」というのが感想です。

——なるほど。中学では吹奏楽をやってましたね。

6年間フルートをやりました。保育の仕事にあこがれて、将来なれたらいいな、そのために楽譜を読めるようになっておこうと思って。短大は函館で、保育教諭の資格を取りました。今は苫小牧の保育園で働いていて、とても楽しいです。

——本当によかった。

2019年、国際交流でハワイに行きました。見学した教育施設では、幼稚園から高校までハワイ語で教えるんです。だからみんなハワイ語がペラペラ。自分の仕事とも重なり、アイヌ語でもこれができるかなと考え始めています。みなさんにもアイヌの楽器にふれてもらいたいですね。たくさん遊んでいろんな楽しみを見つけてほしいと思います。

昔から続く文化体験して

門別徳司さん ＝1982年生まれ
●ハンター

——イランカラプテ。日高管内日高町庫富ご出身ですね。実は、小学生の門別さんがクリムセ（弓のおどり）をおどっているのを見たことがあるんです。

おどりの保存会があって、時々お祭りに出ていました。クリムセは地元のおじさんから教わったんです。ほかの地域とも交流があって、エムシリムセ（つるぎのおどり）は白糠の方から教わりました。

——お仕事を教えてください。

鉄砲でシカをうつハンターをしています。伝統的な家を復元する手伝いなどもします。もともとは会社員として働きながら、狩猟免許を取って30歳でハンターになりました。すでに結婚していたので、思い切りがいりました。シカはどういうふうに料理してもおいしいですよ。シカじるや焼き肉とか。シカの角やクマのつめでアクセサリーを作って販売もしています。

——売り物ではないようですが、シカのすじを使って弓のげんの試作もされていますね。

先祖のやったことを自分がどれだけできるのか、挑戦してみたいんです。今は法律で禁止されていますが、いつか弓矢でもシカをとってみたいと思っています。

山に入る前とシカをとった後には必ずおいのりをします。おいのりの言葉は、鍋沢保さんという、地元の年配の方に教えていただいたんです。自分が教わったこと、体験して知ったことを他の人にも伝えたいと思って、マタギキャンプというイベントを開いています。参加者といっしょに山を歩いて、わなを仕掛けるところやシカの解体を見てもらったりとか、ヨブスマソウでつりざおを作ったり。昔から続いてきた文化には貴重な知恵がふくまれています。みなさんも、ふれる機会があったら積極的に体験してほしいですね。

今の暮らし、昔の知恵も大切に

内田有紀さん ＝1979年生まれ

●パン職人・サーファー

——イランカラプテ。今は奄美大島（鹿児島県）にお住まいなんですね。

はい。出身は埼玉県なんです。父の仕事のえいきょうでコンピューターが身近にあったこともあり、情報処理の勉強をしたんです。パソコンの講師やホームページ作成、ソフトの販売などをしてきました。

23歳のとき、ボディーボードを始めたんです。それが、どんどん好きになっていって、3年ほどして大きなボードに乗るようになりました。田舎の暮らしが好きだし、海のそばに住みたいと思って、あちこち旅してから奄美に落ち着きました。時々ハワイに何カ月か住んで働きながらサーフィンをすることもあります。

——パソコン関係の仕事からサーフィン中心の暮らしに。今はパン屋さんもしていると。

姉のえいきょうでパンを焼き始めたんですけど、これで独立してみたいなと思って。ライ麦を使ったドイツ風のパンや、イタリア風のパン、日本でおなじみの白いパンなどを焼いて売っています。日によりますが、朝は早いですね。午前2～4時くらいに起きます。ぜんぶ一人でやっているので時間がかかるんです。

——内田さんは、樺太アイヌの家系なんですね。

母が子供のころは家の中にトンコリ（弦楽器）やアイヌの歌が聞こえていたというし、うちがアイヌの家だっていうのはなんとなく知っていて。奄美に住むようになって、この土地独特の暮らしや歴史にひかれたんです。それで、アイヌのこともあらためて調べてみたら、トンコリや、ひいおばあちゃんの名前がインターネットに出てきておどろきました。家族の間でしばらくアイヌとか、ルーツをたどることがブームになりました。今の自分には今の暮らしがあるけど、自然な形で昔の人の考えや知恵も大切にしていきたいです。

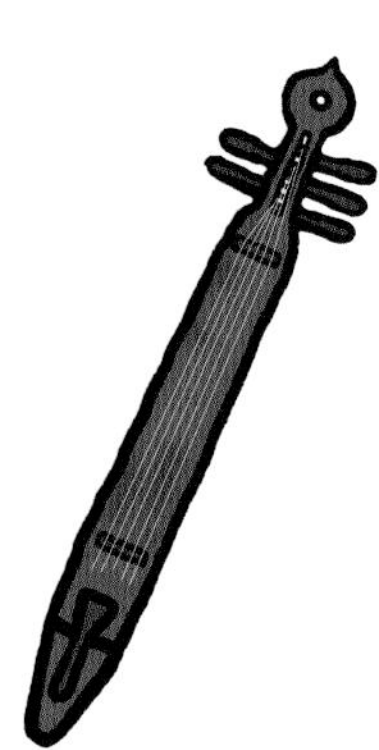

毎日を目いっぱい楽しんで

辺泥敏弘さん＝1975年生まれ
●釧路市地域おこし協力隊

——イシオロレ（道東地方のあいさつで「こんにちは」）。ご出身は東京でしたね。

生まれたところは東京都日野市です。今は釧路市の阿寒湖畔に住んでいます。

以前は東京にある、ハルコロというアイヌ料理の店で働いていました。その前は、バーの店長や音楽事務所で働いたり、運送、デザイン、古物商、電気工事、劇場管理などいろいろな仕事をしました。そういう事をしながら、だんだん自分の歴史と向き合い始めて、先祖のことを知りたいと思い、釧路に移住しました。

——今はどういう仕事を？

地域おこし協力隊といって、全国各地の地域おこしを応援する仕事です。ぼくの場合は、釧路市の「イオル再生事業」の活動支援員として働いています。簡単に言うと、アイヌの伝統文化を再生させるために、それを生んだ自然環境も再生するという事です。クチャ（狩り小屋）の作り方やサケのとり方、森の知識を若い人についていく拠点作りをしています。ずっと音楽をやっていたので、阿寒の中学生たちと「GREEN BouGRINBO」という名のグループを作って、アイヌ語の曲を作ったりライブ活動をしています。

——大切に思っていることはどのようなことでしょう？

何でも経験・体感して語れるようになりたいですね。10代の頃、尊敬していた人に「人に何かを伝えるには知識よりも自分が体験した時の思いを語る方がずっと説得力がある」と教わりました。

——読者に伝えたいことは？

夢や目標があるのはすばらしいですが今は

ない人もあせらないで。毎日を目いっぱい楽しんで、夢中で過ごすうちに見つかるかも。ぼくがそうでした。夢は無理に持つものじゃないと思うので、マイペースに楽しんでください。

アイヌ文化のものづくり知って

北嶋イサイカ（由紀）さん
＝1973年生まれ
●国立アイヌ民族博物館学芸員

——イカタイ（日高地方東部のあいさつで「おひさしぶり」）。今のお仕事を教えていただけますか。

2020年7月にオープンした国立アイヌ民族博物館（胆振管内白老町）で、アイヌ文化をしょうかいしています。縫い物などの手仕事や物を作ることが好きなので、アイヌ文化のものづくりを知ってほしいと思っています。

——アイヌ文化はどこで学ばれましたか。

浦河町（日高管内）で育ち、小学校の頃からセーターを編んだりするのが好きでした。アイヌのししゅうを覚えたのは34歳のころです。その後、札幌大学にウレシパクラブというアイヌ文化を学ぶ場ができたんです。大学に通ってアイヌ語も学びながら、初めは独学で着物を作り、その後、平取町（同）の先生に教えていただいたりもしました。

——大工のコンテストで全道2位になったとか。

はい。高校卒業後は働いていましたが、もっとものづくりを知りたくて北見高等技術専門学院で建築デザインを学びました。2級建築士の資格を取り、母校で先生になろうとも思いましたが、アイヌの事を知りたい思いも強かったんです。

子供のころ、アイヌということで周囲からいやな態度を取られることもありましたが、父方の祖父は和人で、私をかわいがってくれました。それもあってアイヌをきらいにはなりませんでしたが、知る機会もほとんどなく育ちました。

今の私にとって、自分の文化を知って好きになり、学んだことや体験を話すことは、差別の体験から回復することでもあるんです。

——読者のみなさんに伝えたいことは。

私の家はあまり裕福ではありませんでした。それでも親は、子供がやりたいことをやらせようと工夫してくれました。みなさんもやりたいことがあったら、自分にできるやり方で長く取り組んでみてください。

子供と楽しくアイヌ語勉強

川上恵さん＝1984年生まれ
●ゴルフ用品店勤務、アイヌ文化アドバイザー

—今のお仕事を教えてください。

札幌にあるゴルフ用品の店で、事務などをしています。生まれたのは十勝管内幕別町で、アイヌの歌やおどりは子供のころから「帯広カムイトウウポポ保存会」という所で教わりました。祖母たち、帯広の女性が作った会なんです。

—札幌でもおどりなどをなさっていますか？

はい。アイヌ文化アドバイザーとして、小学校や博物館で話をすることもあります。2019年はおどりを練習して、学芸会で発表した学校もありました。

—お子さんとはどんなことをしていますか。

小さい男の子がいて、子育て中のアイヌの友達と親子でアイヌ語を勉強してます。ごはんを食べたり遊んだりしながら、アイヌ語だけを使うんです。「イペアンロ（ごはん食べよう）」って言えたら食べるとか、何かほしいときは「エンコレ　ヤン（ちょうだい）」って言うとか。歌も歌います。子供には絶対アイヌ語をやってほしいというより、「楽しかったな」と思ってくれればいい。親同士では子供がねた時、「ねた？」って聞くと起きちゃうので、「モコロヤ？（ねた？）」って聞いたりしてアイヌ語を使っています。

—ちょっと気になっていることがあるそうですね。

保育園に子供をむかえに行くと、私を見たよその子が「外人」って言ったり、「ハロー」と声をかけてきたりします。「外人」って人を内と外に分けるひびきがあるし、この子たちはアイヌのことを知らないんだろうな、見かけがちがうと外国人と思うんだろうなと考えてしまいます。地域や世の中全体で、子供たちにアイヌのことを教えてあげられるようになってほしい。アイヌがいることが当たり前になればうれしいですね。

問題から目そらさず考え続けて

原島則夫さん＝1950年生まれ
●少数民族懇談会（札幌）会長

—ご出身は。

日高管内新ひだか町静内地区田原です。地元の高校に進み、経理などを学びました。それから働いて貯金をし、21歳で愛知県の福祉

大学夜間部に入りました。

――その後はお仕事を？

大学2年の夏に父が病気になり、北海道にもどりました。札幌で市営地下鉄東西線の工事現場でも働きました。翌年、勤労者医療協会の厚賀診療所（日高町）の職員に採用され、10年間医療事務の仕事をしました。それから「札幌市ウタリ生活相談員」という仕事をし、その後、共産党北海道委員会で働きました。

――なぜ、そのお仕事を選びましたか。

学生のころ、共産党が「アイヌ民族の課題を考えていく」と綱領（政党の考え方を書いた文）に書いたことをニュースで見たんです。30年ほど働いた中で、日高地方を回って地域の人と懇談し、アイヌ民族についての政策づくりに参加したこともありました。

――差別について意識したことはありましたか。

いつも意識してきたわけではありませんが、こんなことがありました。小学校の学芸会では近所のお年寄りが招待されますが、そこにはいつも祖母が呼ばれませんでした。先生に祖母がいない理由をたずねた時、祖母の名前を聞かれました。その時、なぜか名前を言えませんでした。祖母の名前はアイヌ語でした。ふだんは何とも思っていなかったのに、気づくとどこかでアイヌ語をはじていた。強烈な思い出です。

――読者に一言。

私は大人になって働きながら、差別や人権の問題を学び、真剣に考えるようになりました。今は大学などが研究用に集めたアイヌ民族の遺骨が、地元にもどるように運動しています。今の社会は問題や疑問に思ったことがあっても、がまんしなければならないことが多くあります。すぐには何も言えなくても、忘れずに目をそらさず考え続けてください。

あとがき

この本では、アイヌ民族の昔の暮らしや、関わりの深い動植物の絵をたくさん描きました。私（小笠原）が特に好きな神様や魔物、お化けのお話は、残念ながら見たことがないので絵にするのは難しかったけれど、とても楽しい時間でした。

紹介したお話の中には、私のおじいちゃんが亡くなった後、火の神様にアイヌ語でお祈りをしてくれたおばあさんが語ったお話も出てきます。アイヌの昔話では家の中にいろりが描かれていますが、私のおじいちゃんが亡くなった時はいろりがなかったので、まきストーブの火にお祈りをしてくれました。今はまきストーブのおうちも少なく、石油や電気ストーブ、エアコンへと、時代と共に暮らしや道具は形を変えましたが、火の神様を大切に思う気持ちは今も変わりません。

昔から語り継がれてきたお話と、今のアイヌ民族を知ることで、いろんなことに気づいたり、疑問がうまれるかもしれません。この本にある27のお話はたくさんある中のほんの一部ですが、アイヌ民族のお話や出来事を知る機会がなぜ少ないのかということも、考えるきっかけになるとうれしいです。

先人たちが口伝えで語り継いできたお話も、時代が変わりこのように文字で伝えることになりましたが、アイヌ民族の大切な思いは物語と共にあります。私たちやみなさんを通してこれからも、この先へとつながっていきますように。

イヤイライケレ（ありがとうございました）

作者しょうかい

文章

北原 モコットゥナシ
（きたはら モコットゥナシ）

1976年、東京都生まれ。埼玉県上尾市で育つ。自分がアイヌだと知ったのは4歳ごろ。親や周りの大人といっしょに、伝統的な歌や料理などを学ぶこともあった。

日高管内平取町にいた祖母は、樺太（現在のロシア・サハリン州）生まれで、当時の暮らしや言葉を教えてもらった。18歳のときに札幌市に来てアイヌ文化の勉強を始めた。

むかしのアイヌ民族の暮らし、特に言葉、音楽、文学、宗教のことを調べている。長い歴史の中で生まれてきたアイヌ文化を広くしょうかいして、未来へつなぎたいと思っている。札幌市在住。北海道大学アイヌ・先住民研究センター准教授。

小笠原 小夜
（おがさわら さよ）

1973年、小樽市生まれ。江別市で育つ。先祖は、日高管内新ひだか町静内地区のアイヌ。今は東京に住んでいる。

子供のころ、学校でアイヌについて勉強する機会はほとんどなく育った。大人になってから、日本の言葉や歴史と同じくらいアイヌのことも知りたい!と思い、少しずつ勉強を始め、楽器、おどり、ししゅうなどをおぼえ、オーストラリアや、ハワイ、カナダの先住民族とも交流してきた。

小さなころから絵を描くのが大好きで、イラストレーターとして、これまで学んだアイヌの世界をわかりやすくえがく仕事をしている。これまで、千葉県や大阪府の博物館、カナダの美術館に作品が展示された。

〈協力〉

団体：アイヌ民族文化財団（映像提供）
旧アイヌ民族博物館、市立函館博物館、
北海道大学植物園、北海道博物館、
北海道立アイヌ総合センター、札幌大学ウレシパクラブ
（以上、撮影協力）

個人：泉洋輔、岩谷実咲、川上さやか、葛野大喜、早坂駿、
米澤諒（以上、コラム執筆）
インタビューに応じていただいた皆さま

ブックデザイン　韮塚 香織

ミンタラ❶　アイヌ民族（みんぞく）　27の昔話（むかしばなし）

2021年 9 月18日　　初版第 1 刷発行
2022年10月25日　　初版第 2 刷発行

著　者　　編著：北原　モコットゥナシ
　　　　　　絵：小笠原　小夜

発行者　　近藤　浩

発行所　　北海道新聞社
〒060-8711　札幌市中央区大通西 3 丁目 6
出版センター　（編集）tel. 011・210・5742
　　　　　　　（営業）tel. 011・210・5744

印刷所　　株式会社アイワード

乱丁・落丁本は出版センター（営業）にご連絡ください。お取り換えいたします。

ISBN978-4-86721-040-6